大腦熱愛的速效學習

睡不著時可以看的統計學

監修
永野裕之
Hiroyuki Nagano

瑞昇文化

前言

將統計學應用於生活吧！

由衷感謝拿起這本《睡不著時可以看的統計學》的各位讀者，不知道您現在抱持怎麼樣的心情呢？

各位也知道，當今商業場合上最火熱的話題，莫過於機器學習和應用此項技術的AI（人工智慧）了。機器學習就是讓電腦進行跟人類相同「學習行為」的一項科技，而當進行學習行為的電腦要從海量的資料中找出規律和判斷基準，藉以預測未來時，就會用到統計學。

從幾年前開始，「大數據」以及「資料探勘」等等已經成為商業場合上人人朗朗上口的詞彙了。資料探勘的意思就是分析資料，藉以推導出人們至今尚未發現的有益（又意外）資訊。未來統計學將不再單純只是一項專業，更是一般商務人士面對解讀、活用資料時不可或缺的素養。

其實，日本於2012年起實施的高中課綱裡，敘述統計學基礎已不分文、理組，統一列為共同必修單元。更預定在2022年開始實施的課程

中，將推論統計學也列為必修。我認為會這麼做，是因為現代恐怕是人類史上「數字講話最大聲」的時代了。隨著IT技術進步，資料探勘和機器學習的需求提高，世界也正快速走向以數字作為判斷及預測基準的未來。

在這樣的社會趨勢下，各位是否也感到些許的焦急，才抱著「有沒有什麼簡單就能學會統計學的書」的心態，找到、拿起這本書的呢？如果恰好被我說中了，相信這本書絕對能滿足您的需求。

本書盡量省去繁瑣的數學方程式，以有趣的插圖和生活周遭的範例來介紹統計學知識。除此之外，也詳細解說用Excel計算各種統計數據的方法。本書最大的目標，就是希望各位讀了之後有辦法將統計學應用在生活上。為了達成這項目標，您看到的每一處都是我們用心的結晶。

還請各位讀者不必戰戰兢兢，抱著輕鬆的心情翻閱本書，相信閱讀過程一定能讓您產生「比想像中簡單多了」、「讀起來真有趣」的感覺！

永野裕之

從零開始學！

一看就懂的統計學筆記

Contents

Chapter 03
透過集中量數掌握資料特徵

Chapter 04
從標準差來求比例

Chapter 05
用「盒鬚圖」進行精準分析

Chapter 06
透過相關係數分析資料間的關係

Chapter 07 以假設檢定得出有憑有據的答案

column

Chapter

01

統計學是什麼？

公司推薦慶太去學習統計學，以便應用於管理方面的工作。但統計學是什麼？能派上什麼用場？慶太還丈二金剛摸不著頭緒，就跑去參加統計學的課程了。

我想學會工作時能派上用場的統計學

「統計學」三個字聽起來好像什麼學術名詞，感覺很難懂，
那統計學到底哪裡方便，又是怎麼使用的呢？

慶太任職於連鎖餐飲業總公司，負責管理數家分店。上司推薦他去學習**統計學**並運用在平時的工作上，於是他決定報名課程。老師解釋統計學是什麼：「店鋪的營業額、業務部門的業績達成率、顧客滿意度調查問卷……生活周遭充滿了各式各樣的數字。**統計學就是將這些資料統整得更簡單明瞭，並進行正確分析的一門學問**。」

統計學可以用圖表將業績「可視化」

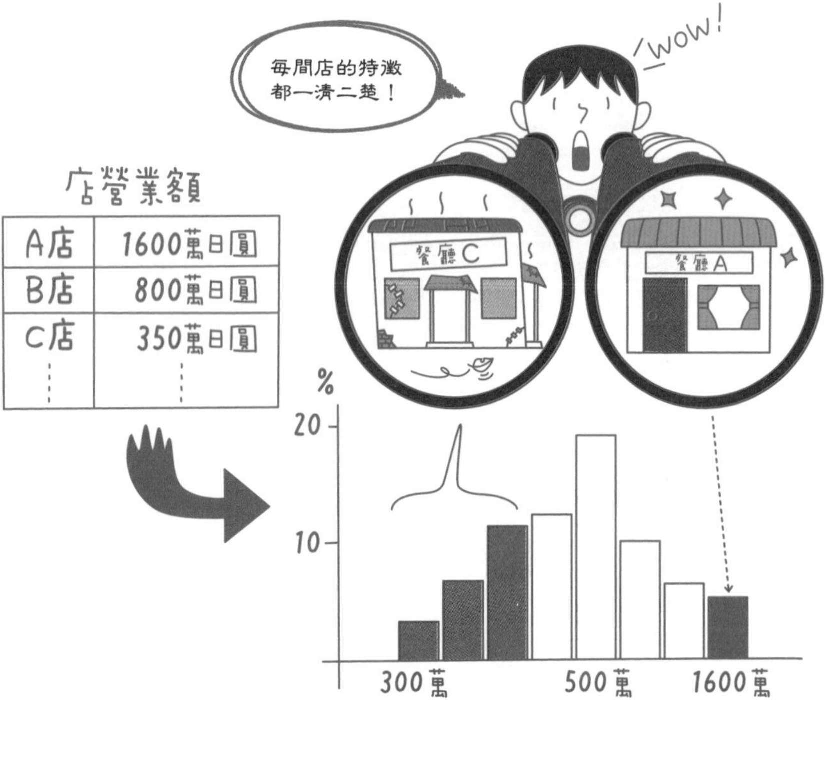

每間店的特徵
都一清二楚！

WOW!

店營業額

A店	1600萬日圓
B店	800萬日圓
C店	350萬日圓
⋮	⋮

餐廳C

餐廳A

%

20

10

300萬　500萬　1600萬

老師接著說：「統計學的應用隨處可見，如**降雨機率**、**考試的百分等級**、**平均壽命**以及**棒球的打擊率**都是其中一部份。人們在日常生活中，不知不覺就會用到統計學。**學會如何使用統計學，可以更正確掌握狀況，更容易找到解決問題的管道**。為了讓大家理解到底有多方便，我們就來看看統計學用在社會上的哪些面向吧。」

原來統計學就在你我身邊

我想知道條碼是怎麼運作

管理商品時，會蒐集各項資料來分析銷售的傾向。
那麼條碼又是怎麼紀錄、運作的呢？

慶太雖然想學好統計學，進而應用在工作上，然而他對於統計學到底使用在日常生活上什麼地方感到疑惑。於是老師舉了用條碼來管理商品的例子：「條碼的功用在於能**得知什麼人、什麼時候、在哪裡買該商品的**。收銀機跟管理商品資訊的電腦連接，掃條碼時同步紀錄資訊，將資訊累積起來後再進行分析。」

條碼是蒐集資訊的最佳利器

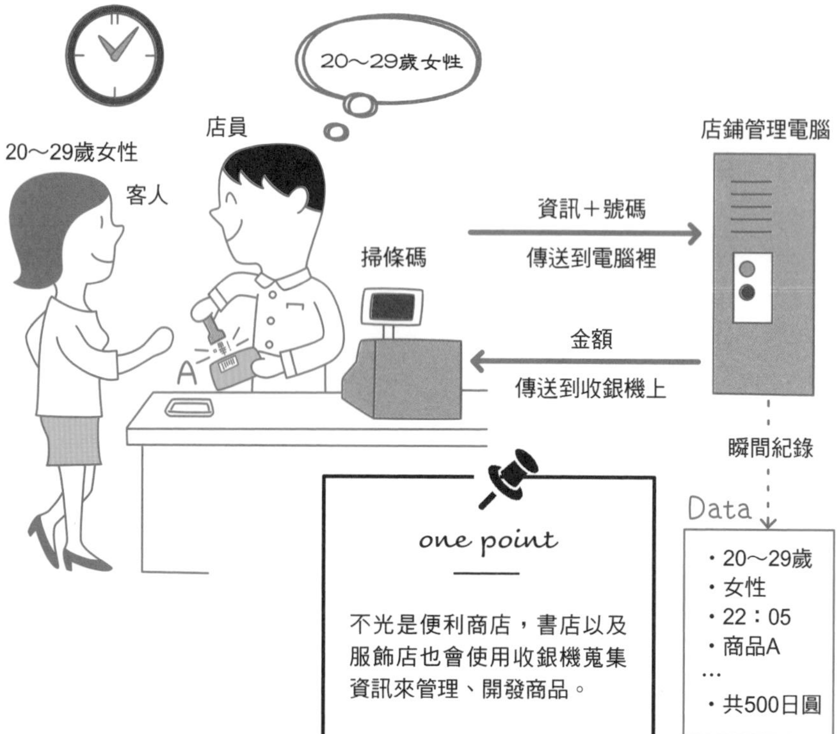

20〜29歲女性
店員
20〜29歲女性
客人
掃條碼
A
資訊＋號碼
傳送到電腦裡
店鋪管理電腦
金額
傳送到收銀機上
瞬間紀錄
Data
・20〜29歲
・女性
・22：05
・商品A
…
・共500日圓

one point

不光是便利商店，書店以及服飾店也會使用收銀機蒐集資訊來管理、開發商品。

「這種作法的好處是，第一可以馬上知道商品的庫存量，避免斷貨，不會錯失任何販賣的機會。第二還可以配合季節和氣象報告進行預測，配貨時將銷路比較好的商品配到銷售狀況比較好的分店。」慶太這才意識到：「原來明明是同一家連鎖店，有些商品卻在別的地方看不到是這個原因啊。」老師默默點頭。

透過分析多筆資料來管理商品

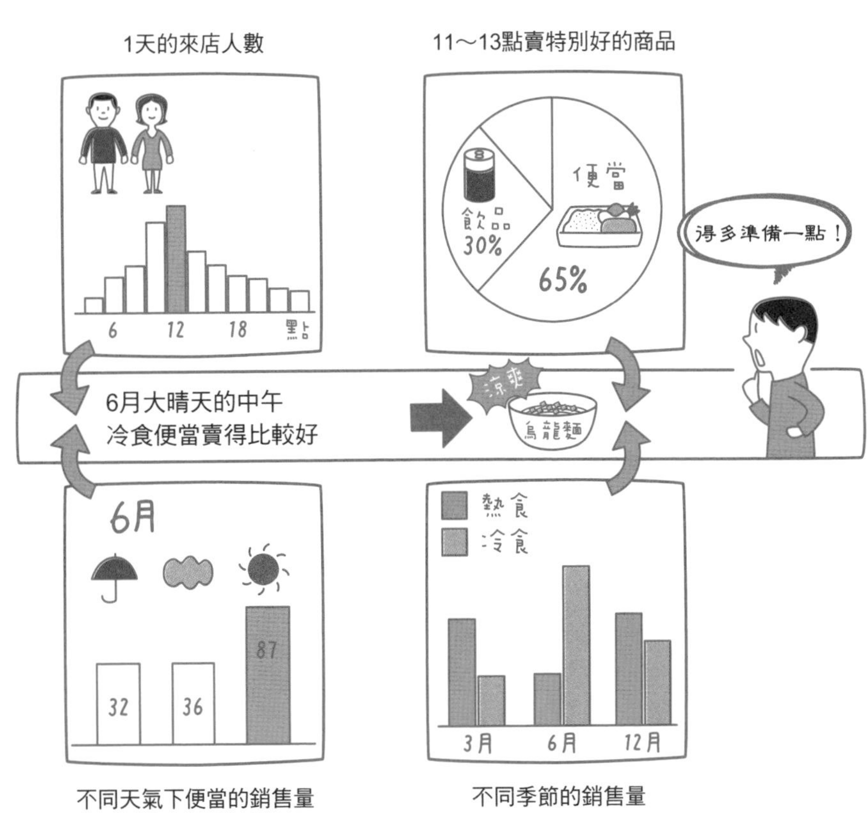

不光是商品賣給了誰，什麼時候、什麼狀況下賣出去的也是重要資訊。
只要仔細分析，就能大大提升商品的銷售量。

我想知道運用了統計學的行銷

「行銷」這個詞耳熟能詳，
但大家真的能正確理解這個詞是什麼意思嗎？

開完會後，慶太問老師：「會議上有談到行銷的成果，但這是什麼意思呢？」老師回答他：「意思是，**什麼商品在哪個季節、由什麼樣的人買了下來的資料。換句話說，就是分析可能上門的客人有什麼偏好的結果**。」慶太聽了後，回想起會議上發表者曾說過這麼一句話：「我們公司的客群裡⋯⋯。」

看出該瞄準哪些客群以及其喜好

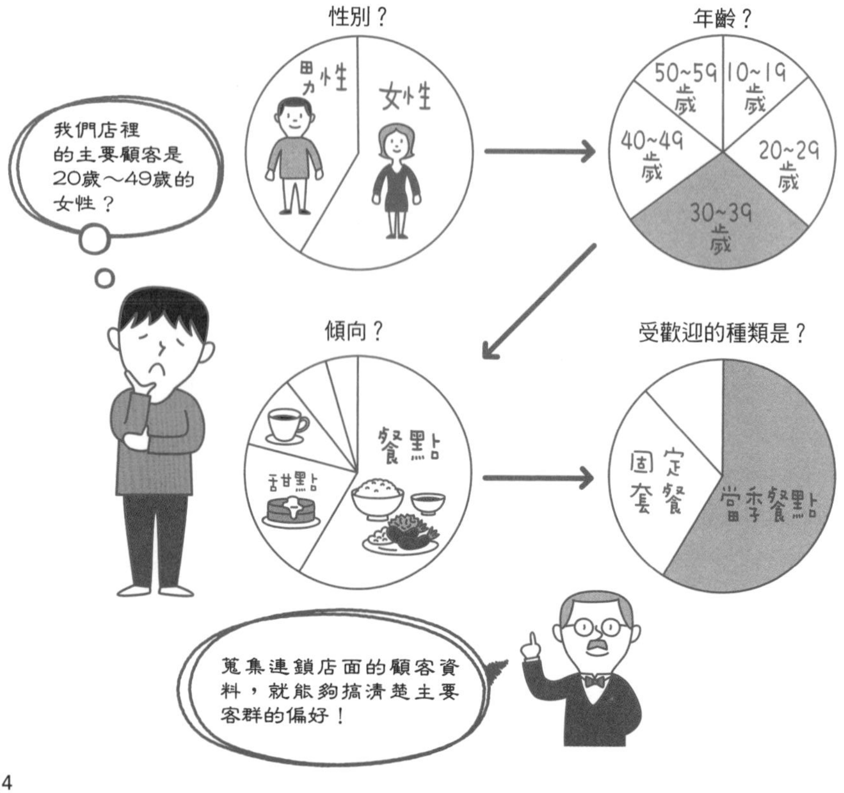

我們店裡的主要顧客是20歲～49歲的女性？

性別？
男性
女性

年齡？
50~59歲
10~19歲
40~49歲
20~29歲
30~39歲

傾向？
甜點
餐點

受歡迎的種類是？
固定套餐
當季餐點

蒐集連鎖店面的顧客資料，就能夠搞清楚主要客群的偏好！

「從20～49歲的男女顧客偏好，就能看出什麼賣得比較好嗎？」老師回答慶太說：「只要篩選出目標，就能從過去的資料，分析出哪個時期哪道餐點比較多人點，之後再配合分析結果選擇商品，這就是**行銷**的基本概念。**活用分析結果，讓商品賣得更好**。」慶太聽了之後，更加明白為什麼夏天要推出新的冰淇淋商品了。

行銷的目的是什麼？

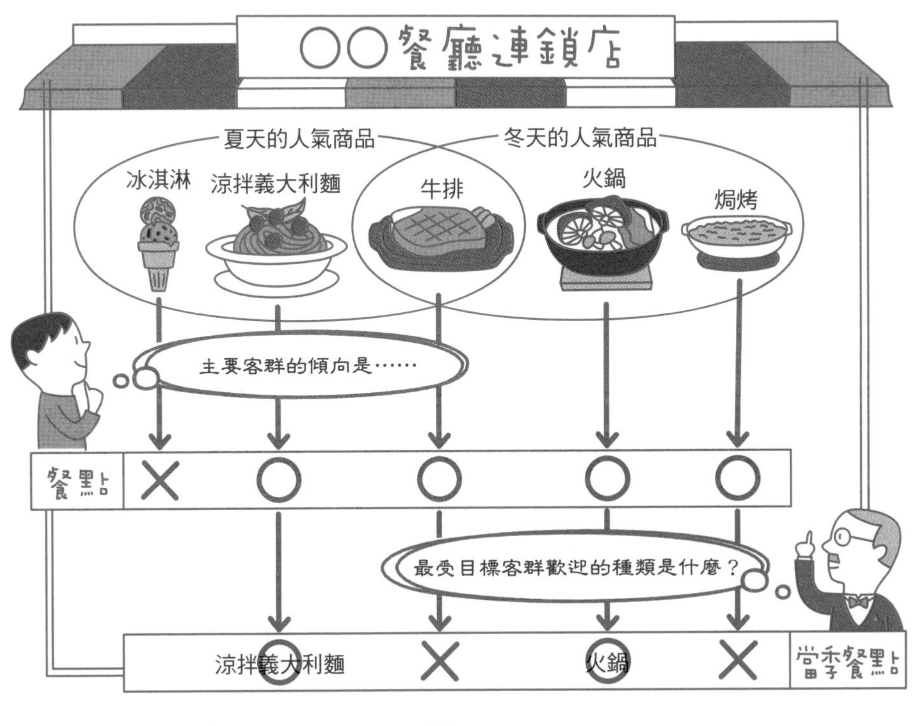

配合統計得出的正確資料，商品就能準備得宜。

我想知道「大數據」是什麼

「大數據」簡單來說，就是海量的資訊。
那麼資訊這麼多有什麼用呢？

「現代網路普及，越來越多人使用一種名為**大數據**的資訊。其中也**包含了個人的貼文、所在位置、影片資訊等乍看之下毫無關聯的資料**。」慶太聽的一頭霧水，老師繼續說：「比方說如果大量蒐集某個人在什麼時候、怎麼移動、做什麼事情等個人的資訊，再跟氣象資訊搭在一起看的話，就能找出天氣與那個人移動之間的關係。」

大數據包含哪些東西？

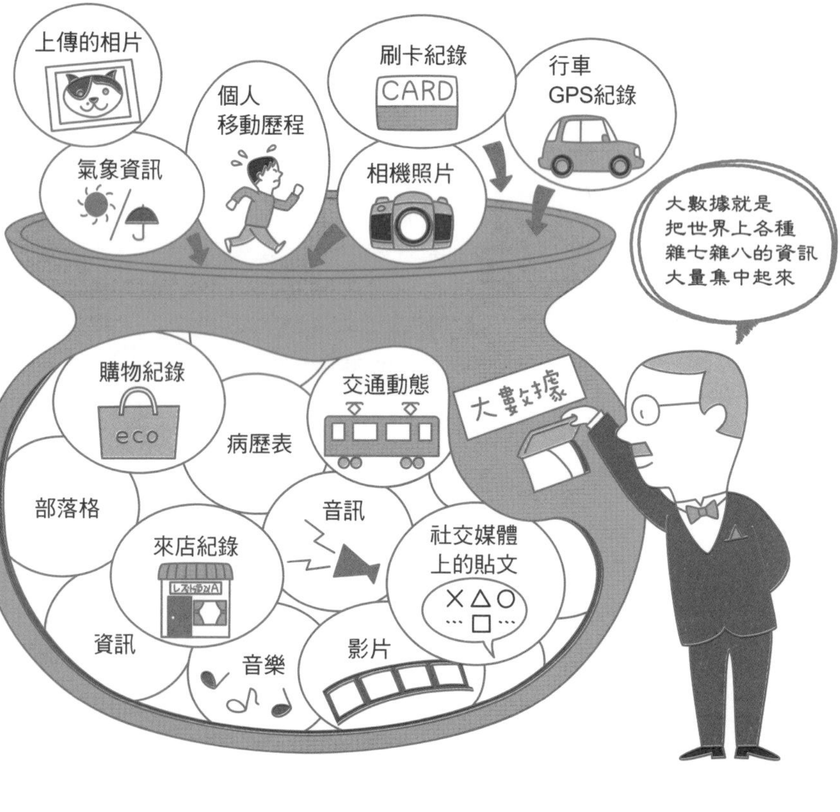

「**大數據大多包含個人的嗜好，所以在販賣商品方面可以說非常重要**。蒐集到的資料越多，傾向也會越明顯，所以用途十分廣泛。」雖然這麼說，但慶太對於大數據的用途，也只知道人氣商品一種而已。老師似乎看穿了這一點，繼續說：「比方說可以預測大型連假時的道路壅塞狀況，還有預測選舉結果。」

怎麼活用大數據？

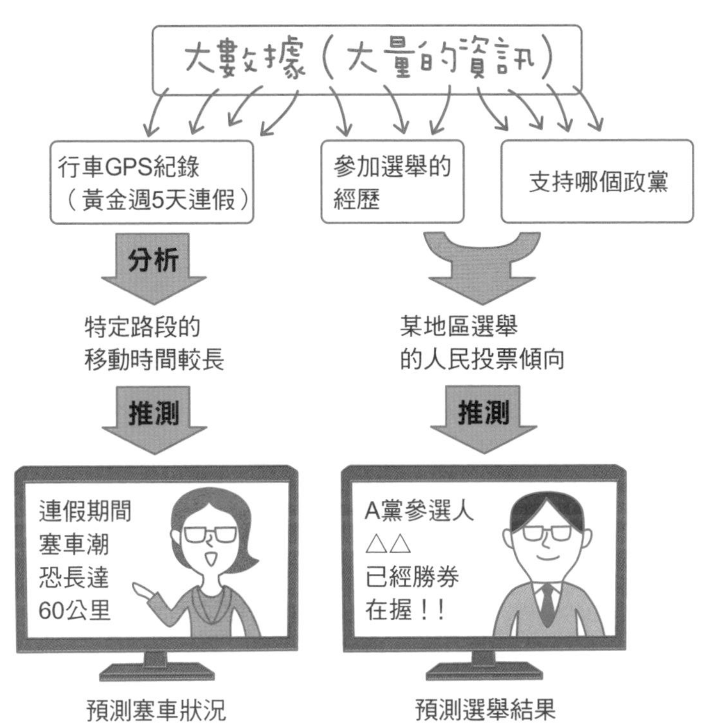

從毫無章法的大量資訊中也可以依不同目的挑出來分析

我想知道收視率跟人口普查的目的

電視台和行政機關針對服務項目進行的調查，
到底是在調查什麼，又能藉此判斷出什麼東西呢？

看電視時，慶太對於「**收視率**超過20％」這句話產生了疑問。他問老師：「實際上到底有多少人收看呢？」老師回答他：「關東地區約莫有1840萬戶人家，而有協助調查收視率的家庭大概有900戶。也就是說，**這是利用統計學，自整體人口0.005%的調查結果所推算出來的數字**。這種方法稱作抽樣調查，可以從整體的一部份來分析出整體的傾向。」

收視率是抽樣調查的典型範例

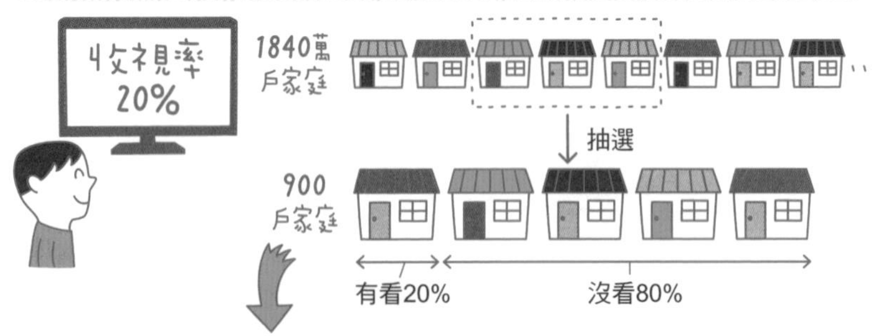

僅從900戶家庭來推測1840萬戶家庭的收視率

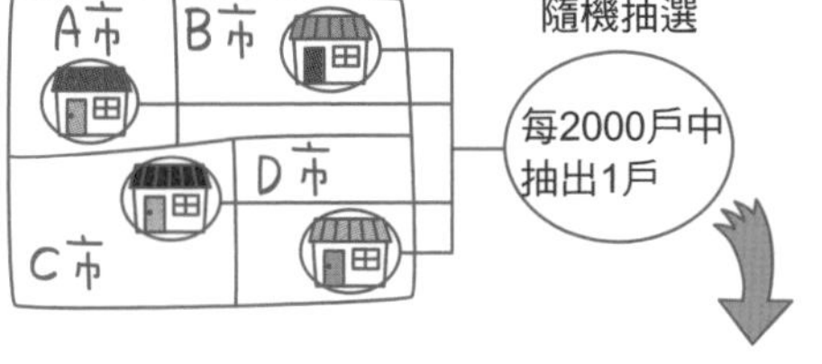

抽樣調查時要避免偏頗某一地區，
隨機抽出樣本對象。

「光靠一部份就能夠了解整體狀況嗎？」慶太非常吃驚。老師告訴他：「為了使結果公平公正，採取了隨機抽選對象的方式，因此能了解整體的傾向。另外，**調查全體對象的方法稱作普查。調查全體國民、蒐集各項資料的人口普查就屬於這種**。這些資料以統計學分析出結果後，就能發現少子化、高齡化等國家未來面臨的危機，政府可以採取應對措施。統計學在現代政治上也發揮了很大的作用。」

人口普查是政策的指南針 ※此圖表為日本資料

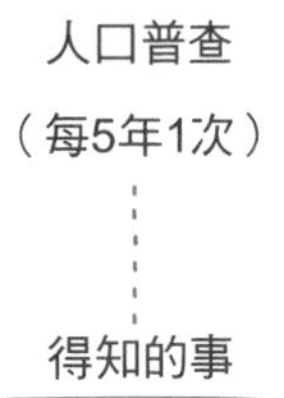

人口普查

（每5年1次）

得知的事

- 各鄉鎮市區人口的增減
- 男女與年齡等人口結構比例

統計

- **少子化對策**
- **制定因地制宜的行政措施**

統計學也是統整各項重要數據以協助決定政治、行政方針的方法

和收視率不同

會對全國家庭（戶口）進行調查

＝

這稱作 普查

人口金字塔

男性 女性

1950年 8400萬人

男性 女性

2010年 1億2700萬人

幼年人口好少

真頭痛

分析國情是政府的重要工作。因此使用的方法，就是以統計學技巧來進行分析的人口普查。這種狀況下，單從一部份去推論整體的風險很高，所以要調查全國的人口。

我想了解人工智慧發展起來的理由

人工智慧在將棋上遠比過去還強的原因是「深度學習」。
這項技術到底可以運用到什麼程度呢？

看到職業棋士輸給人工智慧的新聞時，慶太想：「以前人工智慧明明贏不了人類，為什麼最近就有辦法下贏了呢？」老師為他解答：「其實將棋的人工智慧能變強要歸功於統計學。讓人工智慧記住過去人類下出的大量棋步和棋局，**並透過統計學分析出之後的趨勢再作判斷**，所以才下得贏人類。」

人工智慧在將棋上變強的原因是？

「最近的人工智慧使用一種叫**深度學習**的方法。這是一種使用模仿人腦運作機制的人工神經網路所進行的演算法，以統計學方法來分析資料。其判斷能力和以往的方法相比有飛躍性成長，如今甚至超越了人腦。**人工智慧透過統計學方法判斷可能會引發車禍的狀態而將車子停下來的自動煞車系統**，就是其中一項代表性例子。」沒想到實例就在生活周遭，慶太聽了感到十分吃驚。

人工智慧會進行統計學思考？

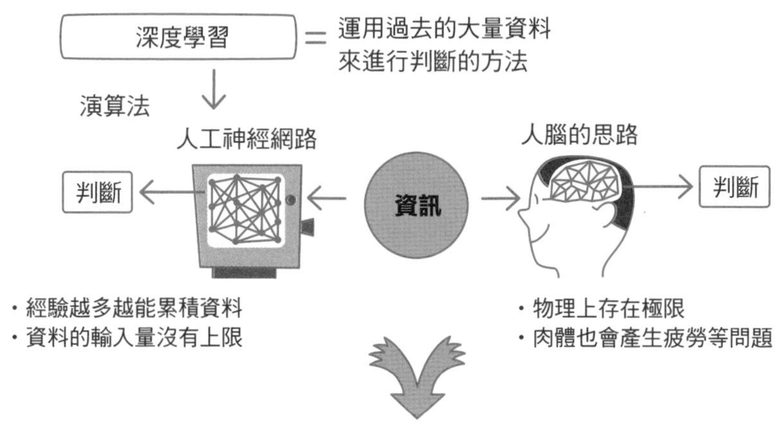

人工智慧學習人類的經驗法則（統計學上的判斷）以進化

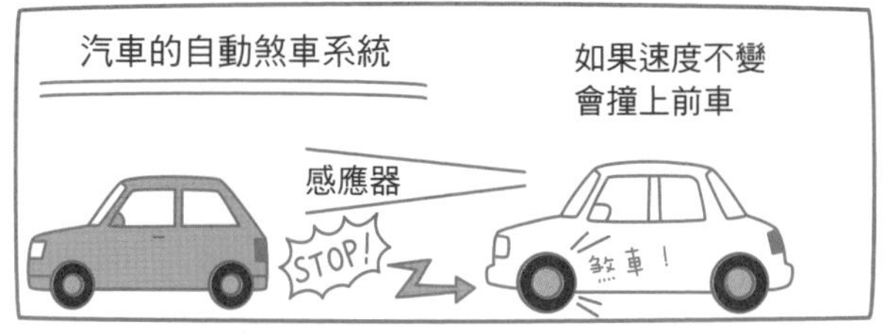

依據感應到的車距及速度
人工智慧選擇煞車

人工智慧的發展速度快得驚人，未來甚至很可能會大大改變人類的工作型態。隨著人工智慧的普及，我們都需要了解其機制。為此，學好統計學的基礎，可以說是非常重要的事。

我想知道到底要分析怎樣的資料

統計是根據大量資料來進行分析，
那麼那些作為根據的資料是什麼東西呢？

慶太已經知道統計學運用在社會各個面向，但這時浮現一項疑問：「那些作為根據的資料是什麼？」老師回答：「統計學上，**作為參考資料的人、物等集團稱作母體，是我們要調查的對象，而母體中任一筆資料稱作個體**。也就是說，針對屬於母體之個體進行調查所得到的回答，就是一切的基本資料。」

抽樣調查與母體

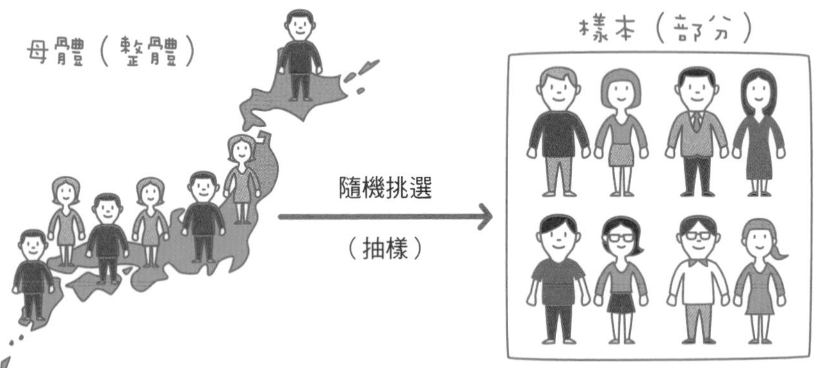

抽樣調查	從整體抽選出一部份調查

抽樣調查時，欲調查對象的一部分
稱作「樣本」而整體則稱作「母體」

例如：家庭收支調查、內閣支持率調查……等。

「個體擁有的資料非常繁雜，如店鋪和公司的話就是營業額或顧客的性別，個人的話如年齡和工作時間全都算是資料。統計學上，這些資料大致區分成兩種：**本身就代表某些意義的數字，如身高、體重、年齡等數據稱為屬量資料**。另外如果是將性別、膚色、眼珠顏色及喜好等轉換成數字時，**數字本身不具有意義的數據，就稱作屬性資料**。」

包含在樣本數中的個體是什麼意思？

測量資料和實驗結果的集合

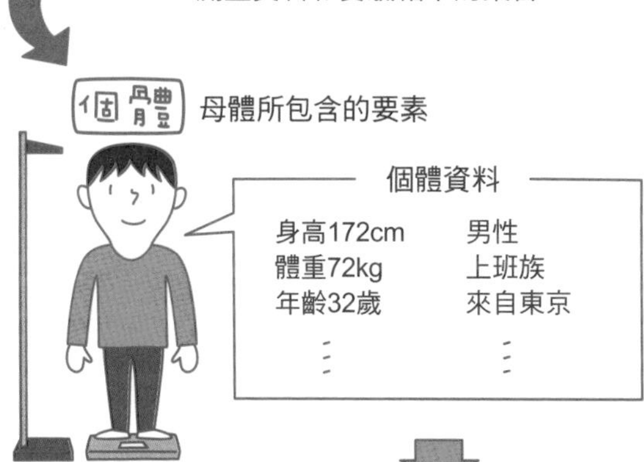

蒐集擁有各式各樣資訊
之個體的資料來調查

統計學上指稱的個體為資料集合體的最小單位元。比方說擁有屬性資料、屬量資料（24頁）的個人。

我想記住統計學的資料種類

統計可以分析出調查對象的傾向，
但這又是從什麼樣的資料中推論出來的呢？

慶太搞不太清楚什麼是將性別、喜好等轉換成數值的**屬性資料**。老師解釋：「**不要把屬性資料想成是數字**，而是比方說喜歡吃的料理和音樂的種類。像牛肉蓋飯、拉麵、漢堡排以及古典樂、西洋音樂、流行音樂等東西並不是數字對吧？**但有時為了以統計學進行分析，會將這些東西轉換成數字。為了和原本就具有意義的數字區分，我們將這些稱作屬性資料**。」

以數量紀錄的屬量資料

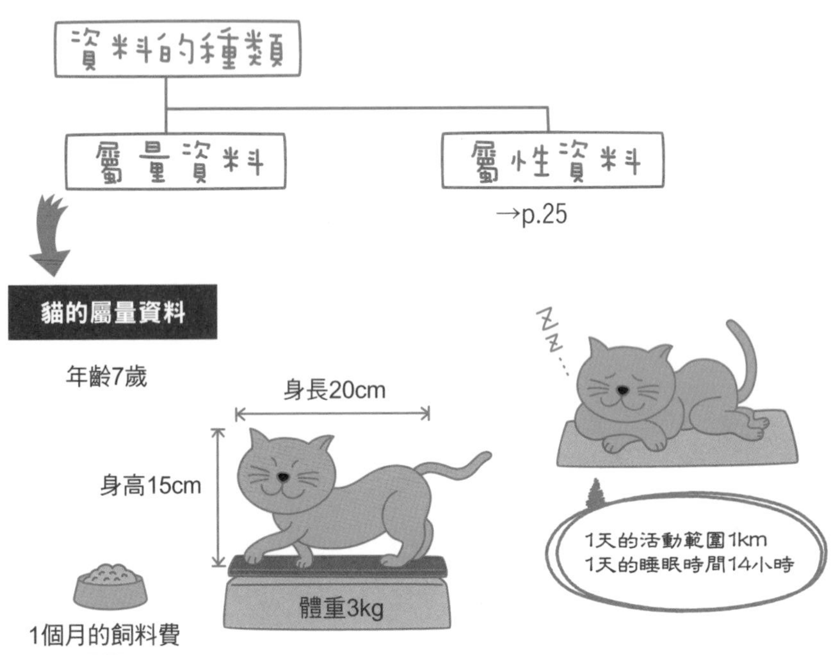

老師繼續說：「統計所處理的身高、體重、時間、溫度、時刻等數字上具有意義的資料稱為**屬量資料**。這些就是會在**分析氣溫幾℃時，營業額會上升幾%，這種情況下使用的資料**。」慶太現在明白，統計學處理的數字各自具有不同的意義。他說：「換成數字後便於統計的是屬性資料，數字本身就具有意義的就是屬量資料對吧？」老師讚許的點了點頭。

表現種類之不同和區別的數字就是屬性資料

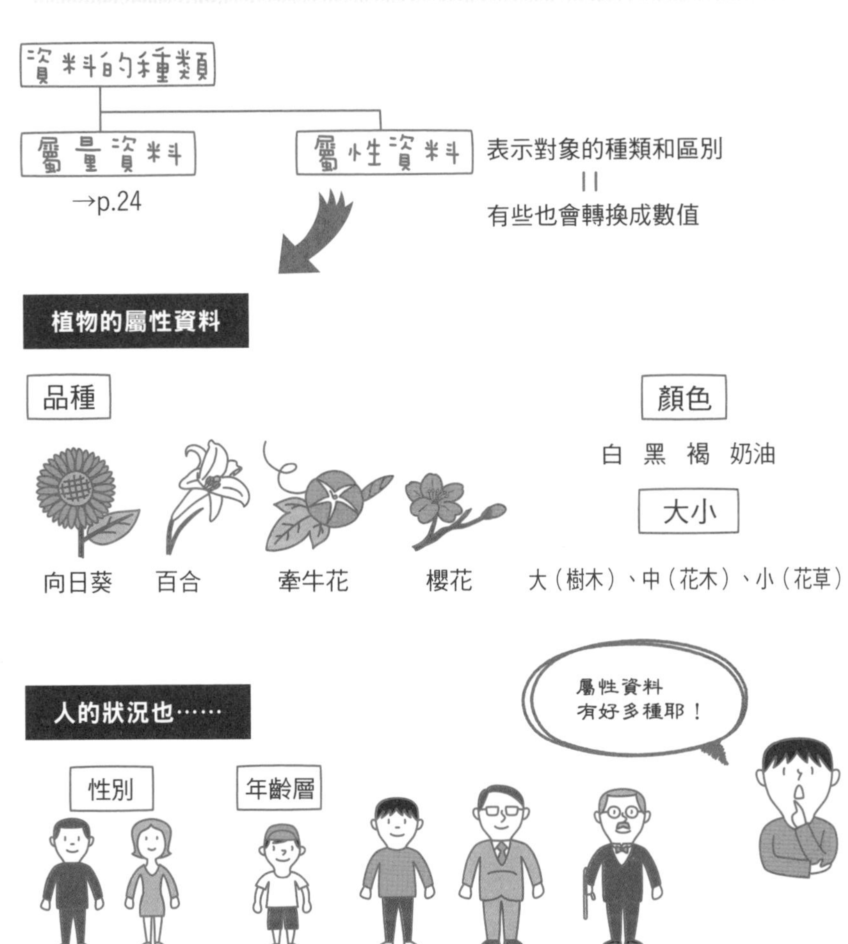

NO.

Date

column 01

南丁格爾也熟悉統計學操作！？

將戰況「可視化」促使國家有所行動的克里米亞天使

南丁格爾（1820年～1910年）參加克里米亞戰爭，拯救了無數士兵的性命。她原本是英國的護士，因近代看護教育之母的名號無人不知無人不曉。不過其實她還有一個身分，就是統計學者。她在戰地醫院工作時，看到醫院裡眾多因傳染病及細菌感染而死亡的士兵心痛不已。她想「如果改善醫院的衛生環境，就可以挽救更多生命了。」於是將在醫院中死亡、數量龐大的「戰傷患者」依實際人數圖表化，直接向軍方提出改善醫院衛生環境的要求。透過圖表「可視化」，實際情況一目瞭然，她的提案受到認同，衛生環境改善後，戰場上的死亡人數也大幅下降。

Chapter

02

統計學能做的事

慶太已經知道統計學很方便了。然而，他擔心自己數學這麼差，有沒有辦法上手。為了感到不安的慶太，老師淺顯易懂地解釋統計學該怎麼使用、並適合探討哪些問題。

就算數學不好也想使用統計學

統計學總讓人感覺會冒出一大堆數字，
那麼數學不好的人也有辦法使用統計學嗎？

慶太雖然明白統計學應用在各式各樣的地方，但因為他數學不好，對於自己是否有辦法運用統計學滿懷不安。不過老師笑著說：「統計學是為了活用在現實生活上的『工具』，**就跟不懂程式也可以使用電腦一樣，只要記住怎麼用就好了**。使用學者**已經驗證過的數學方法**來解讀數據也可以說是統計學。」

統計學是工具！ 目的在於會使用

只要知道用法
就OK了！

統計學

從數據來推測

數據分析

沒有用統計學
的話真辛苦……

嘿呀～

one point

OECD（經濟合作暨發展組織）正研討將統計學的技巧列入小學生的教育課程。

「當然，我們也要知道這些方法在數學上是怎麼證明出來的。然而馬上就跑去挑戰艱深的理論，結果大受打擊的話，可就賠了夫人又折兵了。所以，**我們先以能實際運用統計學為目標**，學會如何應用在生活上後，自然也會對支撐統計學的理論產生興趣。到那個時候再來慢慢學習數學方法就好了。」

學習要注意按部就班

1. 先體驗實際的效果

利用已經驗證的方法來操作統計學，可以實際感受到效果，學習起來也快樂。

初學者在細部的定義和統整方法上出現小錯誤也無可厚非。先學習、摸索統計學到底能做什麼事情吧。

2. 再求了解理論架構及應用

熟悉統計學後，就會開始好奇到底是怎麼樣的理論造就統計學的。

有時候較細部的理論和定義對統計學來說也很重要。先掌握好大方向，之後再慢慢補上詳細的知識即可。

我想從部分資料來推測全體狀態

要蒐集一大堆資料感覺既勞心又勞力。
不過使用統計學，就能從一部份的資料來推測整體狀態。

慶太已經了解統計學方便在哪裡，但要蒐集一大堆資料感覺真的很累人。這時老師說：「就算不蒐集全部的資料，**統計學也可以從一部份的資料來推測出整體具有怎麼樣的特徵和傾向**。比如說電視的收視率，就是只調查隨機抽選的900戶家庭，就能推測出日本整個關東區域的觀眾在看什麼樣的節目。」

從少數家庭來推測收視率

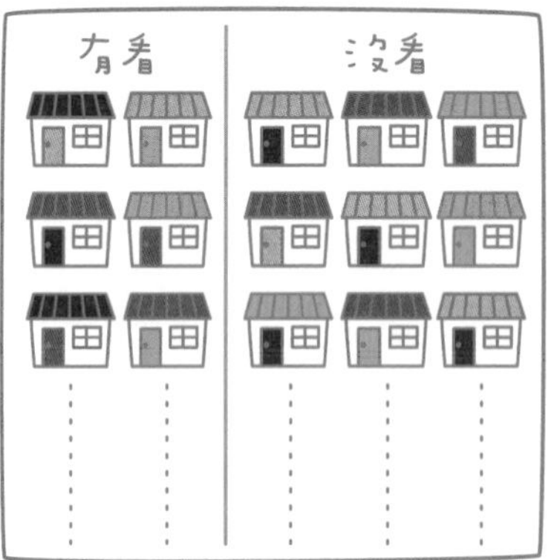

要調查全部家庭太辛苦

雖然可以知道最正確的收視狀態，但要調查整個關東地區的家庭，無論時間還是花費上的負擔都很大。

只確認樣本

利用抽樣調查，就能從有安裝調查機器的樣本（900戶家庭）來分析出關東地區整體的收視狀態。

老師繼續說：「統計學上，想要調查的集團整體（全國家庭）稱作『**母體**』。而從母體隨機選出的資料（有調查的家庭）稱作『**樣本（Sample）**』。透過樣本來探討整體特徵的調查方法稱作『**抽樣調查**』，通常用於母體規模過大、難以對全部個體進行調查的狀況。」聽到**抽樣調查可以廣泛運用在市場調查和新菜單人氣餐點問卷等方面**，慶太便開始期待起來了。

母體（全體）和樣本（Sample）

我想把不容易掌握的概念轉換成數值

店鋪的規模和發展性等難以捉摸的概念也可以轉換成數值來進行客觀的分析。

「不光是這樣。」老師對慶太說：「**統計學的好處在於可以把抽象的概念轉換成數值**。比方說店鋪的營業額。透過觀察營業額的資料，判斷該店經營的好不好。雖然這也可以從員工的工作態度以及顧客的表情來判斷，但經過『**數值化**』，我們可以做出客觀的判斷。」

從數字來判斷店鋪的情況

主觀判斷

店鋪的情況雖然可以從員工工作態度和顧客意見來作判斷，但就淪於主觀判斷，容易對事實產生誤解。

透過數字判斷

從營業額等具體數字來判斷店鋪的狀況，就能排除主觀和感覺的因素，能進行客觀且令人信服的分析。

慶太問：「數值化還有什麼其他的好處嗎？」老師回答：「數值化後，**就可以用電腦操作大量的資料，資料處理起來會簡單許多**。」實際一間間走訪負責的店鋪來觀察、判斷非常辛苦。但是用數字的話，就算店鋪數量再多也可以**圖表化**、把多間店鋪資料擺在一起，容易掌握所有店鋪的特徵。

輕易掌握所有店鋪的情況

店名	營業額
餐廳A	1600萬日圓
餐廳B	1400萬日圓
餐廳C	1000萬日圓
⋮	⋮

數值化的另一個優點是方便資訊管理。要實際確認所有店鋪狀況要花費大量勞力，如果只要蒐集各店鋪的營業額數據，就能輕易掌握各店鋪狀況的話，也能輕鬆比較各店鋪間的營業額。

我想從過去的資料來預測未來

使用統計學來正確分析過去的資料
可以預測尚未發生的未來事件。

慶太很在意「明年的營業額狀況」，於是找老師討論。老師告訴他：「如果是統計學程度的未來，倒是可以預測到一些。」慶太聽了後問：「統計學可以讓人預見未來嗎？」老師回答：「並非如此。**而是透過以往的資料，來預測你負責區域的營業額未來會怎麼發展**。」

從過去的資料來進行預測

	演唱會舉辦次數	餐廳A的營業額
1月	20次	2000萬日圓
2月	4次	600萬日圓
3月	6次	700萬日圓
4月	15次	1500萬日圓
5月	20次	1900萬日圓
6月	10次	1100萬日圓
7月	17次	?

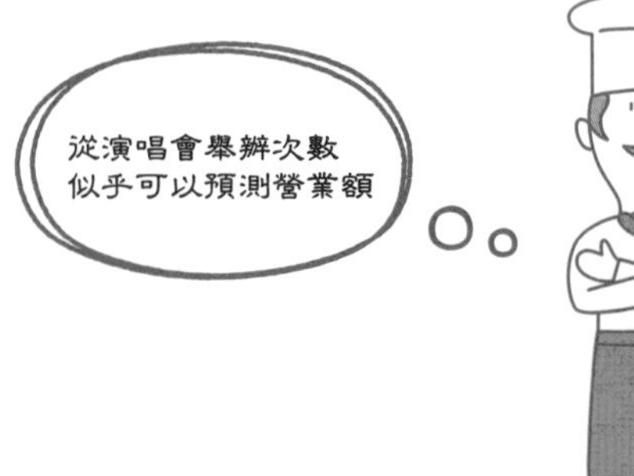

老師說：「比如某店附近有展演空間，舉辦演唱會的日子客人會比較多，那就可以預想到營業額增加沒錯吧？**如果分析過去的營業額，找到活動和營業額之間的關係，就能從這個月的演唱會場次數來預測本月營業額**。這種從有關聯的事物來預測未來結果的分析法，稱作**回歸分析**。」

回歸分析的簡單範例

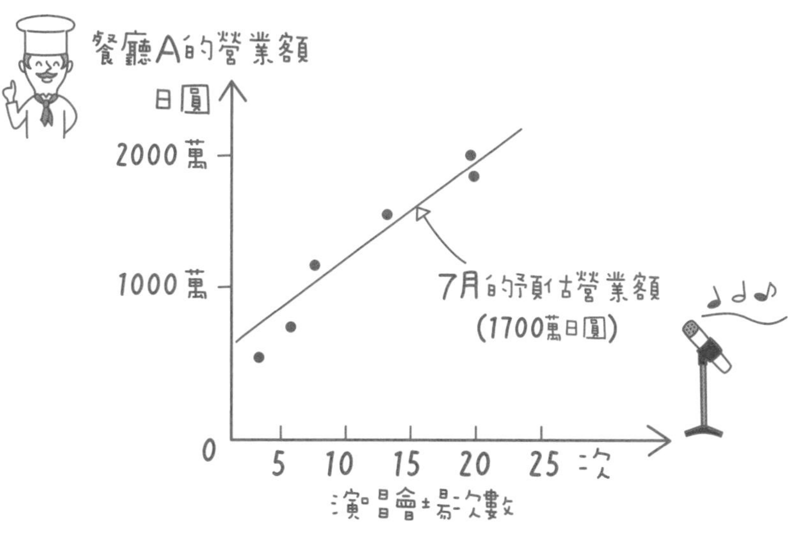

如果能用統計學分析出「餐廳營業額」和「演唱會場次數」的相關性，就能從「演唱會的場次數」來預測出未來的營業額。除此之外，還可以從「離車站的距離」和「服務周到度」等複數因素來分析營業額。

我想用數值來驗證假設正不正確

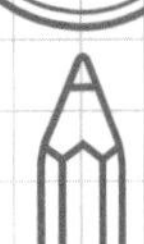

每間店做出來的湯味道都一樣？還是不一樣？
當浮現各種疑問的時候就建立「假設」並確認到底是怎麼樣。

有位客人告訴慶太：「同一道湯，在A店跟在B店喝到的味道不一樣。」他問老師「我自己是分辨不出兩家店的口味差別，但真的有辦法調查味道是不是不一樣嗎？」老師告訴他：「每個人對味道的感受都不同，不過**統計學上倒是有辦法確認『味道是否有所不同』**。首先，請很多人到A店與B店試喝同一道湯，再請他們填問卷來告訴我們是不是覺得味道不一樣。」

各種情況下都能使用的假設驗證法

老師繼續說：「資料蒐集完畢後，利用統計學來進行分析。**建立『A店的湯和B店的湯味道相同』的假設，並在該條件下，利用問卷調查等實際得到的結果，去驗證以機率角度來看此假設可不可能發生**。」慶太說：「如果不可能，就可以說假設不正確嗎？」老師告訴他：「沒錯。像這樣建立假設，並檢查假設對錯的行為叫作『**驗證假設**』。」

檢驗湯品味道的範例

① 請實際喝過的人
來填寫問卷

② 基於
「湯的味道一樣」的
假設來檢驗①的結果

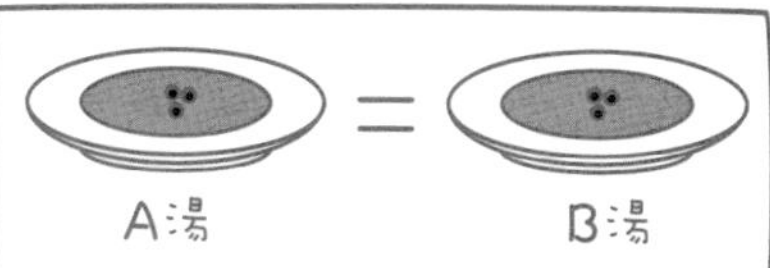

③ 依據②的結果
就能得知感覺
「味道不一樣」
到底是不是偶然

▶詳細請參閱Chapter7「假設檢定」
的解說

如果問卷對象僅有數十人，結果可能會受偶然因素影響甚鉅。但如果人數夠多的話就不會有這項問題。統計學上有一套方法可以檢驗問卷調查得出的結論（假設）是否為真。

我想判讀出資料的傾向以及特徵

用處多多的統計學，包含了哪些種類呢？
先帶大家從將資料轉換成表格和圖表的「敘述統計學」看起吧。

慶太了解到統計學大概能用在哪些地方了。不過雖然講來講去都是統計學，他對於統計學到底是什麼樣子還是很模糊。老師見狀，將統計學細分，以淺顯易懂的方式向慶太解釋：「**適合初學者的統計學，可以分成敘述統計學和推論統計學兩大類**。其中敘述統計學是將調查蒐集到的資料統整成數值、表格、圖表，盡可能把表達事項變得簡單明瞭的統計學。」

統計學的兩大類型

一個一個來看吧

感覺好難喔

統計學

敘述統計學

讓資料變得淺顯易懂

推論統計學

從資料進行預測

老師說：「慶太同學所負責的店鋪之中，營業額以及客群都分散不均對吧？透過將這些資料集中、轉換成表格和圖表，就能看出特徵及傾向。」慶太發問：「這樣有什麼用呢？」老師回答他：「**哪間店有哪些客人會來、常點什麼東西，這些事情就會一目瞭然。從資料判斷出特徵和傾向的話，也可以應用在店鋪的銷售策略上**。」

分析資料特徵的統計學

敘述統計學

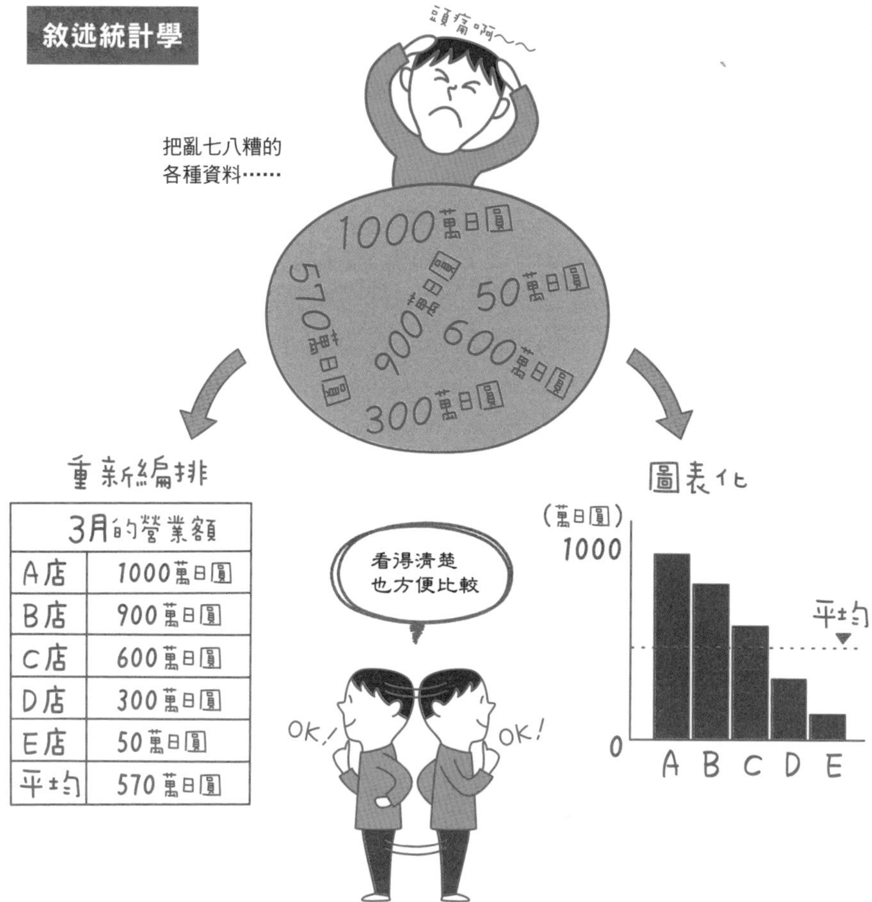

3月的營業額	
A店	1000萬日圓
B店	900萬日圓
C店	600萬日圓
D店	300萬日圓
E店	50萬日圓
平均	570萬日圓

平常不會特別注意到的資料重新編排以及圖表化，都可以說是敘述統計學的一部份。整理的方法不勝枚舉，但目的都是為了透過現有的資訊去了解更多事物。

我想利用機率
進行推測並作出判斷

下一位來店的客人會點A套餐？還是B套餐？
像這種從隨機抽出的資訊來探究傾向的「推論統計學」是什麼？

慶太問：「**推論統計學**是什麼東西？」老師回答他：「就是隨機抽出部分資料，藉以推論對象全體資料的特徵和傾向的統計學。**為了從少許資料來分析是否真的可能發生某事件，會採用機率的方法**，比方說**市場調查**和**問卷**。分析數百人的資料傾向，推論一商品是否被市場整體和龐大集團所看到。」

利用機率的推論統計學

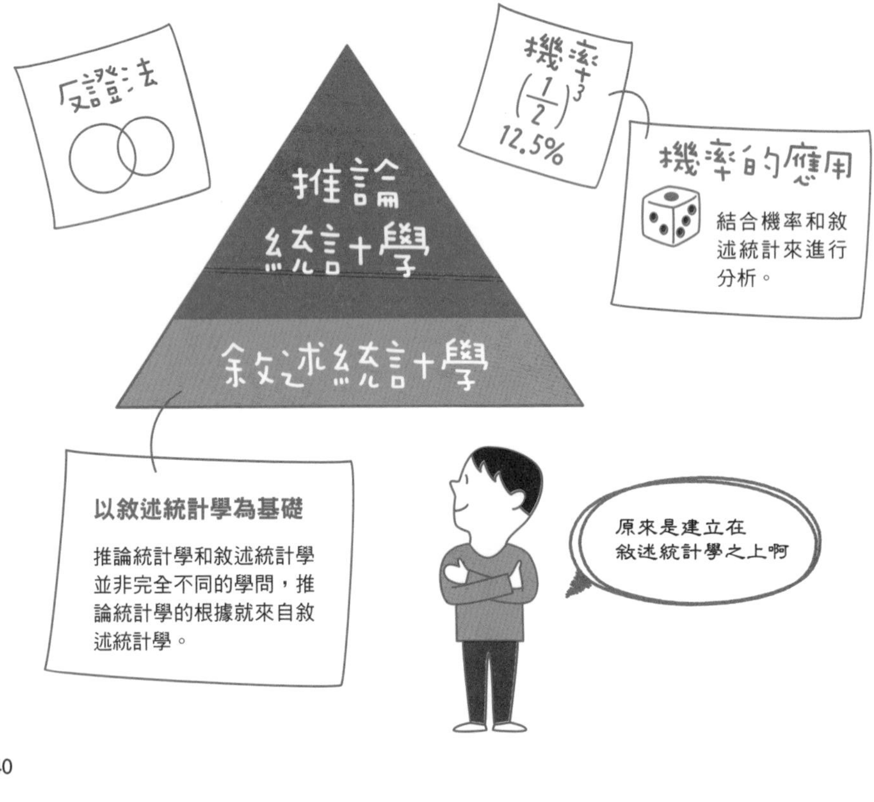

反證法

機率
$\left(\frac{1}{2}\right)^3$
12.5%

推論統計學

敘述統計學

機率的應用

結合機率和敘述統計來進行分析。

以敘述統計學為基礎

推論統計學和敘述統計學並非完全不同的學問，推論統計學的根據就來自敘述統計學。

原來是建立在
敘述統計學之上啊

老師繼續說：「看看問卷的範例。假設我們問100個人喜歡A套餐還是B套餐，當喜歡A套餐的人以70對30勝出時，我們可以直接下結論說A套餐在該區域比較受歡迎嗎？雖然是隨機詢問，但也有可能只是湊巧碰到喜歡A套餐的人比較多的狀況而已。而**正確判斷出這項結果是否屬於巧合**，就是推論統計學的方法之一。」

推論統計學的範例

街上看到的問卷調查，就算詢問各種對象不偏頗，多進行幾次後結果一定會不一樣。而要將調查結果一般化，視為街上人群的傾向時，就需要推論統計學的方法。

NO.

Date

column 02

將統計學在日本發揚光大的 福澤諭吉

「一萬日圓鈔票上的人」竟是日本統計學第一人！?

以「天於人之上不造人，於人之下亦不造人」這句話名聞遐邇的福澤諭吉，創辦慶應義塾大學，對教育普及帶來諸多貢獻，甚至成了一萬日圓鈔票上的肖像人物。不過其實，他還是日本統計學的第一人。當時在歐洲，南丁格爾（26頁）的亮眼表現讓人們對統計學的關注提升，福澤諭吉也想將西洋各國關注的統計學引進日本，於是和學生一同翻譯荷蘭發行的《關乎全球萬物之統計表》，出版了在日本史上第一本統計書籍《萬國政表》。可以說是為長期鎖國政策之後成為資訊落後國家的日本，打開了走向世界的大門。

Chapter

03

透過集中量數掌握資料特徵

剛剛學到統計學基礎知識的慶太十分躍躍欲試，滿腦子都是「我要用統計學分析營業額囉！」老師細心地告訴幹勁滿滿的慶太「平均數」及其他各種具體的分析方法。

我想用直方圖讓資料更容易看懂

蒐集到大量的資料，得好好整理一番才能使用。
這種時候，就把資料「可視化」，轉換成表格和圖表。

數以萬計的營業額資料，嚇的慶太目瞪口呆。他向老師求助：「這麼多間店的資料，該怎麼整理才好？」於是老師說：「最重要的是將資料變成圖表以及表格，進行『可視化』。」並告訴他：「**換成表格和圖表後，看一眼就能大致掌握資料的傾向和特徵了**。如果想看出營業額的特徵，建議使用**直方圖**表示。」

掌握特徵的直方圖

營業額表格

記錄各店鋪營業額的表單

店鋪營業額	
A店	1600萬日圓
B店	800萬日圓
C店	1000萬日圓
D店	400萬日圓
⋮	⋮
Z店	800萬日圓

直方圖的圖表

縱軸表示比例、橫軸表示組別

20%
10%
100萬日圓以下
400～500萬日圓
1000～1100萬日圓

營業額達到1000萬日圓以上的店鋪真厲害！

慶太提出疑問：「什麼是直方圖？」老師說：「把營業額整理成直方圖後，就會變成這個樣子。」並實際拿給他看。縱軸部分為數據佔全體的比例（相對比例），橫軸則記錄組別。**營業額在某個組別的店鋪在全國所有店鋪中佔了幾%一看就知道**。慶太的工作就是分析店鋪營業額，他開始想：「這可以在評比營業額的時候派上用場。」

直方圖的優點

1. 便於自己分析資料特徵

將數值視覺化，可以判讀出過去沒發現的資料傾向。

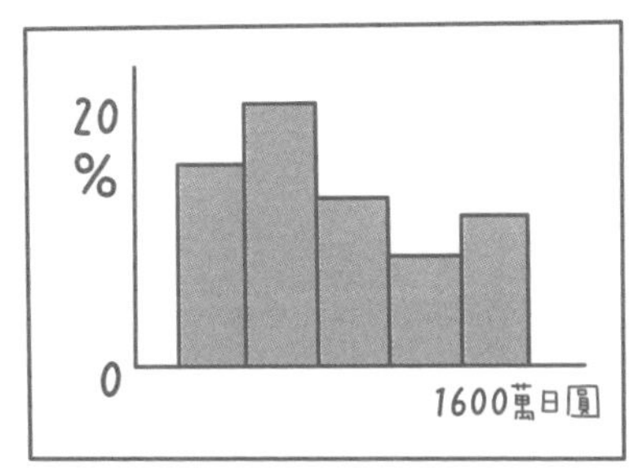

2. 便於向對方提出意見

由於方便理解現況，可以將自己意見的根據好好傳達給對方。

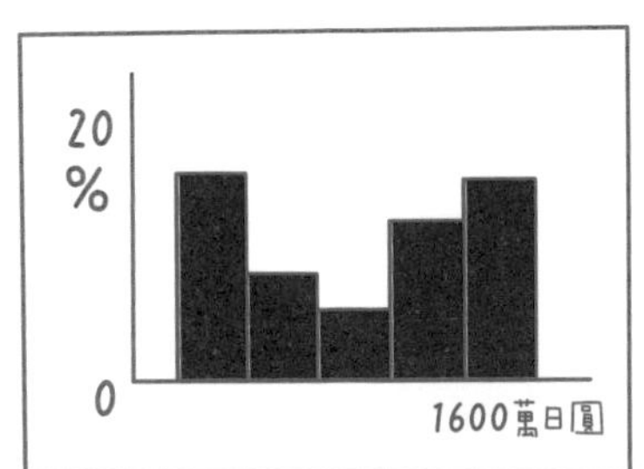

我想用集中量數來掌握數據的特徵

統計學上有很多「位於資料中心位置的數值」。
讓我們使用最常見的三項集中量數來分析資料吧。

「分析資料時，最重要的事情是什麼？」慶太發問。老師回答：「**統計學上最重要的，是各種資料『最中心』的數值**。」慶太又問：「為什麼最中心的數值最重要呢？」老師告訴他：「因為**『最中心』的數值會表現出資料整體的特徵和傾向**。這個『正中心』的數值，在統計學概念上稱『**平均數**（average）』，是為集中量數的一種。」

能夠簡潔有力掌握傾向的集中量數

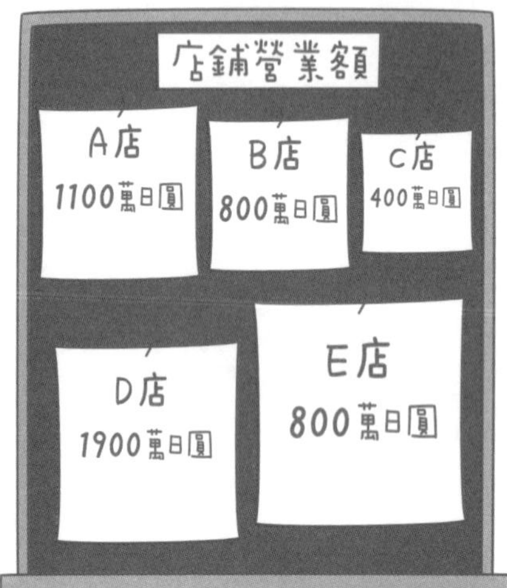

「集中量數包含了哪些東西呢？」慶太問。「統計學常用的集中量數包含『平均數（mean）』、『中位數（median）』、『眾數（mode）』等**三項集中量數**。為什麼集中量數還需要分成三項，是因為每項集中量數都各有長處和短處。因此，分析時最重要的是正確選擇較能發揮強項的集中量數。」老師這樣回答。

好用的三項集中量數

掌握統計資料的特徵時使用的集中量數有三種。各種數值意義都不同，需要注意使用方法。另外，比較各項集中量數的大小，就能看出資料更詳細的特徵。

我想了解最熟悉的集中量數「平均數」

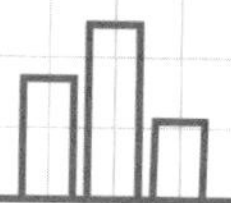

三項集中量數之中，最常拿來用的就是「平均數」。
從平均數，我們可以得知資料整體的特徵。

「這麼說來，的確常常聽到平均這個詞呢。」慶太說。老師告訴他：「平均一般是指『並不特別大也不特別小的中間數值』。**在統計學上，則是將資料的數值全部加總，再除以資料筆數所得出的數字**。如考試的平均分數、平均身高、上班族的平均年收入等，平均數是大家最熟悉的集中量數。」

深入生活之中的平均數

one point

下意識使用的平均數

大多人對平均數的認知都是代表「普通」的一項數值，方便作為比較資料時的基準。

慶太說：「吃飯付錢時大家一起攤也是平均數呢。」老師點點頭：「**平均數**也稱作『算術平均數』，是統計學上最常使用的集中量數。」慶太又問：「平均數的強項在哪？」老師告訴他：「**由於平均數是反映整體資料的數值，所以非常便於得知資料整體的特徵**。此外，比較平均數也可以分析資料的特徵。」

平均的意思是「公平均分」

各店鋪的員工數

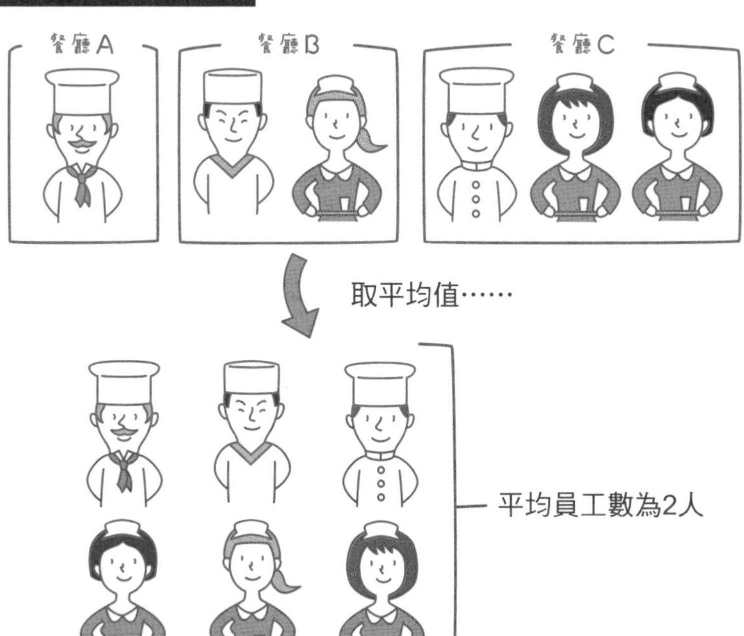

這樣會有種無視各店鋪不同，硬是要均分的感覺

平均如果照字面解釋成「公平均分」的話意思就十分清楚了。平均就是消除各項數據的偏頗，全部均勻分配。平均數常用作衡量「普通」與否的尺標，但特徵是偏差過大的話很容易給人一種失真的感覺。

我想知道「平均數」的弱點

平均數有個特徵是會受到極端的數字影響，
有時無法代表全體的數值，這點需要多加注意。

慶太看著營業額表，開始想：「**想求出A店、B店、C店的單日營業額平均數，就將3間店鋪的營業額全部加起來再除以3就好了**。」他算出「平均等於30萬」，一臉滿足，不過老師這時開口了：「也就是說，慶太同學負責的店面平均下來1天的營業額差不多那個數字呢。可是平均數有個特徵，計算時必須多加注意才行。」

真的可以相信那個平均數嗎？

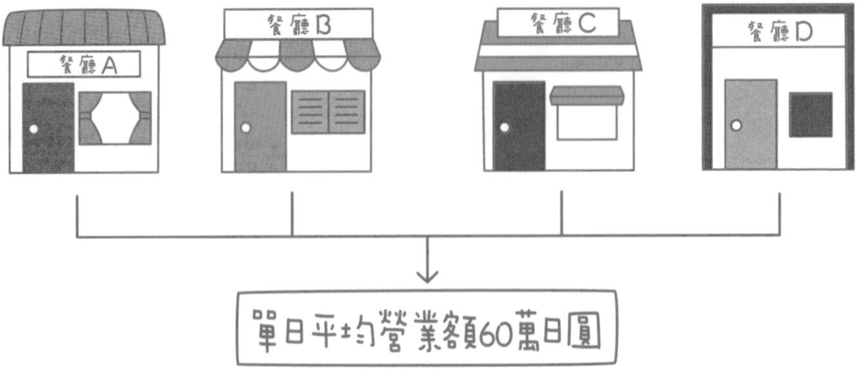

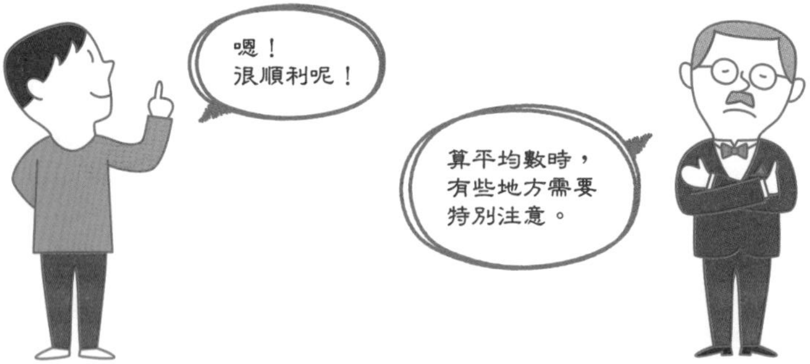

老師問慶太：「如果加入單日營業額150萬日圓的D店，再計算平均的話會發生什麼事呢？」慶太回答：「（40＋20＋30＋150）÷4＝60萬日圓。」老師說：「原本算出來30萬日圓的平均數，只是加了D店進來就翻成兩倍。這麼一來，我們就不能說平均數表現出營業額的傾向。**平均數的特徵就是容易受到資料中極端數值的影響**。」

使平均數失準的極端數值

如果分別來看各店鋪的營業額……

40萬
餐廳A
20萬
餐廳B
30萬
餐廳C
150萬
餐廳D

單日平均營業額30萬日圓

極端數值

根本就沒有達到平衡嘛！

因為平均數很怕碰到極端的數值

過度相信從平均數判讀而來的資訊十分危險。如果有比較極端的數值，其他資料的狀況就會跟平均值相差許多。像計算平均年收入的時候，如果有超高所得的人把平均拉高的話，就會感覺平均數不符合實際情況。

我想了解不易被極端數值影響的「中位數」

「中位數」是代表資料「正中央」的一項數字，和平均數相比，特色是不容易受到極端數值影響。

慶太得知使用平均數時，光一個極端數值就足以讓人無法掌握資料特徵後嚇了一大跳。老師見狀補上一句：「無法相信平均數時，可以和其他集中量數相互比較來發揮功效。」看慶太一臉想問「什麼數值？」老師便回答他：「**數值從大到小（或從小到大）排序時，正中央的數值就是『中位數』**。」

排序時位於正中間的數值即為中位數

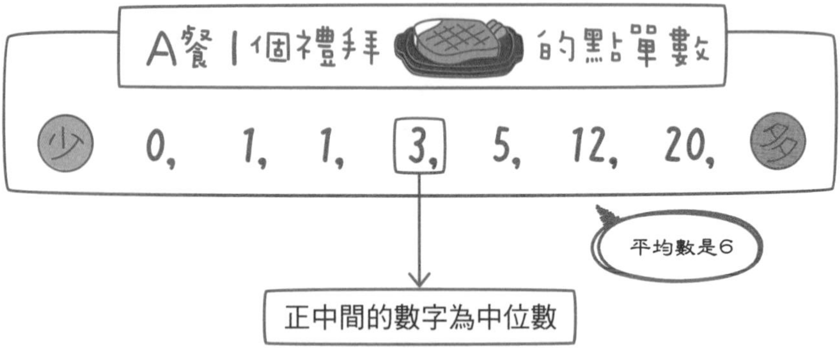

A餐1個禮拜的點單數

少 0, 1, 1, 3, 5, 12, 20, 多

平均數是6

正中間的數字為中位數

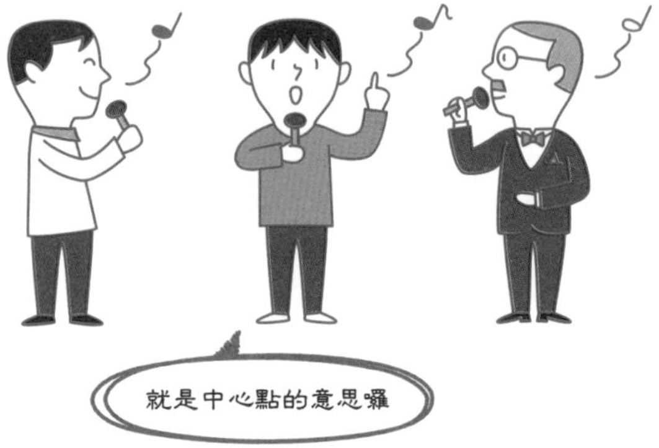

就是中心點的意思囉

慶太問：「中位數有什麼特徵呢？」老師回答：「我們來算算看A店到E店營業額的平均數。」慶太開始算：「10＋20＋30＋40＋100＝200。200÷5＝40萬日圓。」老師說：「平均數比中位數多了10萬日圓，是因為受到E店的100萬日圓這個大數字影響。像這種情況，**中位數跟平均數相比，比較不容易受到極端數值影響**。」

不容易受到極端數值影響是什麼意思？

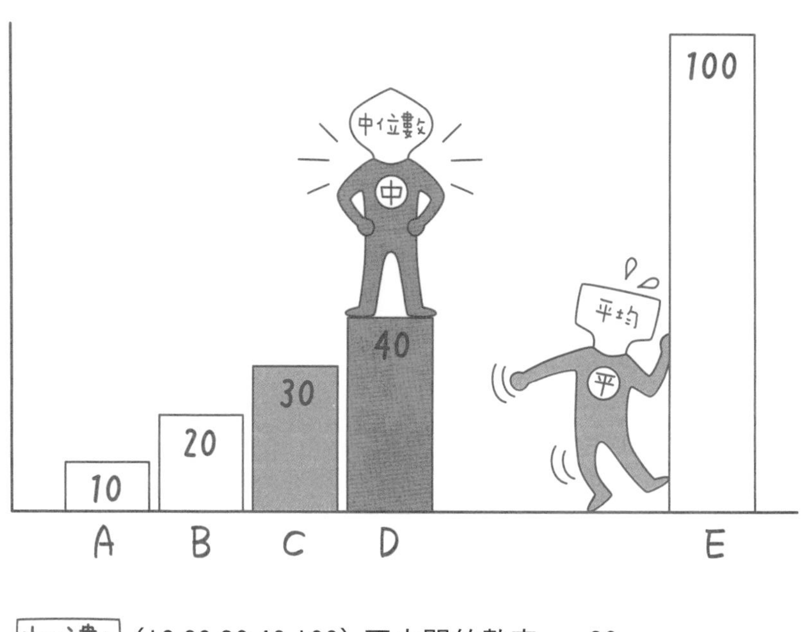

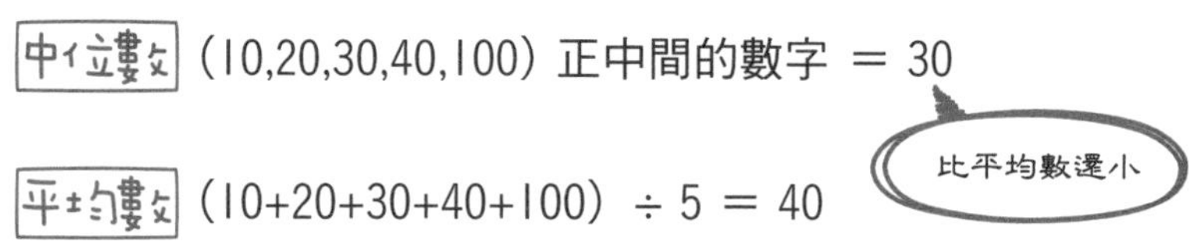

計算平均數時，極端數值的影響很大。至於找中位數時，極端的數值也只不過是眾多數值中的其中一筆而已，所以影響不大。

我想學會「中位數」的具體求法

將數據從大排到小時，位於正中間的數字即為中位數。
那麼數值筆數為偶數時，要怎麼求中位數呢？

「**中位數是將資料從大排到小（或從小排到大）時，位於正中間的數字**，所以比中位數大的數字和比中位數小的數字數量是一樣的。」聽老師說完，慶太問：「那麼資料筆數不是奇數是偶數的話怎麼辦？」老師回答：「**如果碰到資料筆數是偶數的情況，就代表正中間有兩筆資料。將這兩筆資料相加除以2，得出的數字就是中位數**。」

資料筆數為奇數時的求法

筆數奇數時

從小排到大時，最中間的數字

那麼碰到偶數時呢？

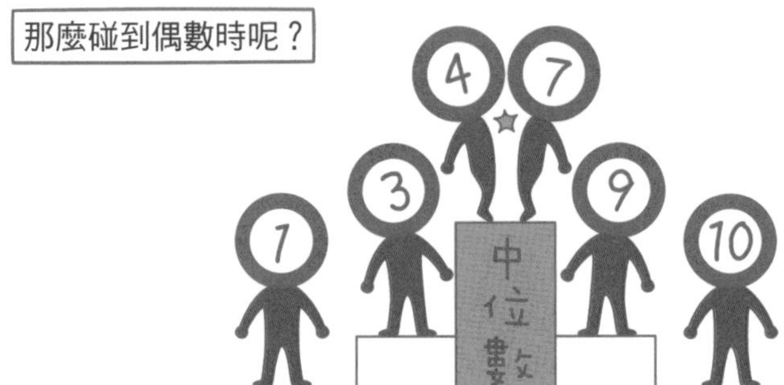

哪個才是中位數？

「假設有以下幾筆資料：A店10萬日圓、B店20萬日圓、C店30萬日圓、D店40萬日圓、E店100萬日圓、F店200萬日圓。那麼中位數是多少？」聽了老師的問題，慶太說：「正中央的數值是C店的30萬日圓跟D店40萬日圓，所以30＋40＝70，70÷2＝35。中位數是35萬日圓。」老師說：「沒錯。也就是說，**中位數的特徵**就是能找出各店鋪營業額最中間的數值。」

資料筆數為偶數時的求法

■取中央2個數字的平均

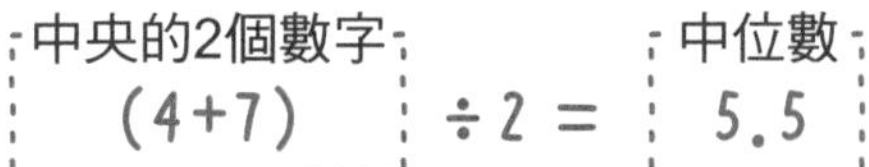

為了避免碰到「資料筆數為偶數時忘記怎麼求中位數」，趕緊把求法學起來吧。跟奇數時一樣，將數字排序好後，再取正中央2個數字的平均數就好。

我想知道哪個才是最常出現的數值

表示資料中出現次數最多的數值，稱作眾數。
眾數不容易受到極端大的數值影響，在資料筆數多的時候很方便。

「話又說回來，**『眾數』**是什麼呢？」慶太問老師。「**就是出現次數最多的數值**。」老師解釋後反問他：「比方說有以下資料：K店20萬日圓、L店30萬日圓、M店30萬日圓、N店40萬日圓、O店50萬日圓、P店60萬日圓，出現最多次的數值是哪個？」慶太回答：「30萬日圓的店有兩間（L店跟M店），所以眾數是30萬日圓。」

眾數是什麼？

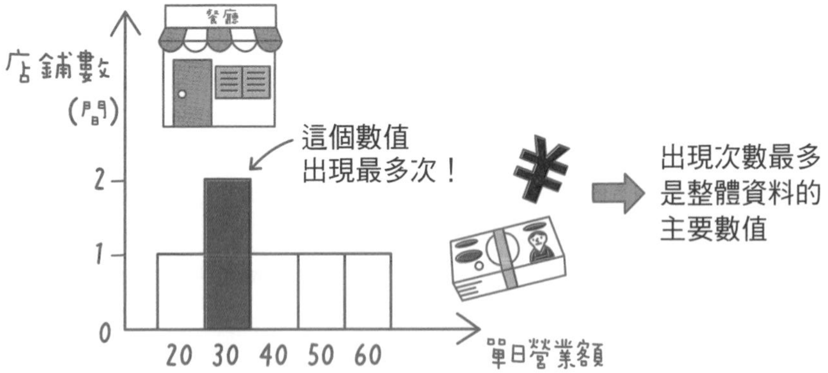

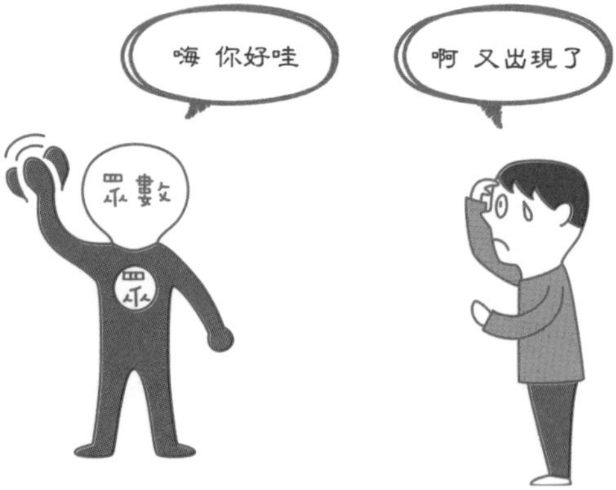

老師點點頭繼續說：「眾數和中位數一樣，特徵是不容易受到特別大的數值影響。」慶太問：「眾數在什麼情況下會用到呢？」老師便說：「像44頁解釋的直方圖一樣，將各項數字區分開來表示的圖表上常常會用到。**我們會稱比例最高、數量最多的組的組中點（65頁）為眾數**。」

用直方圖來看的話一目瞭然

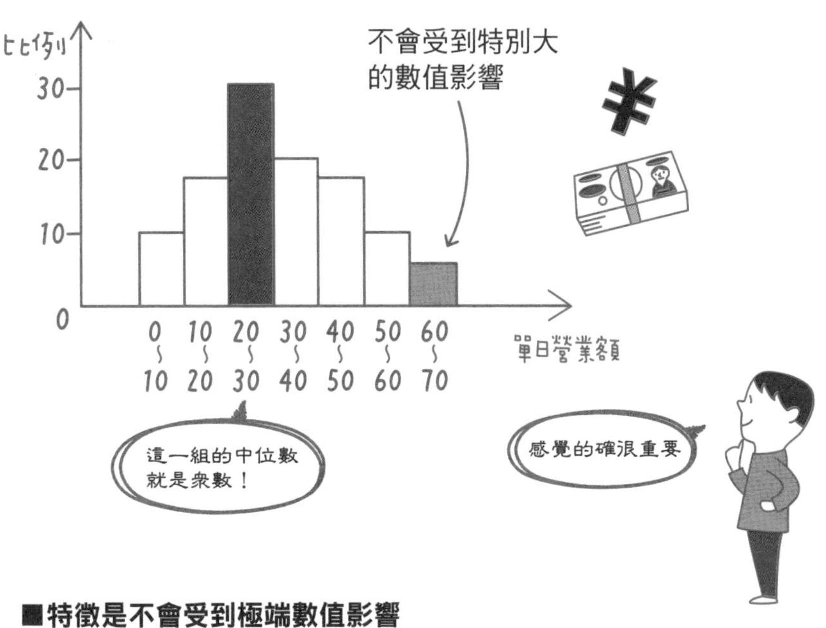

■**特徵是不會受到極端數值影響**

我想知道三項集中量數之間的麼關係

3項集中量數碰到不同數據，也會產生非常大的差異。
不管什麼情況，確認3項集中量數是一致還是相左都很重要。

「3種集中量數各有不同呢。」慶太說。老師舉例：「比方有A店20萬日圓、B店30萬日圓、C店30萬日圓、D店40萬日圓、E店50萬日圓、F店70萬日圓這些資料的情況下，平均數約莫是40萬日圓、中位數是35萬日圓，而眾數則是30萬日圓，並不一致。這麼一來，**我們就搞不清楚到底哪個集中量數才能表現出資料整體的特徵和傾向了**。」

3項集中量數的大小關係

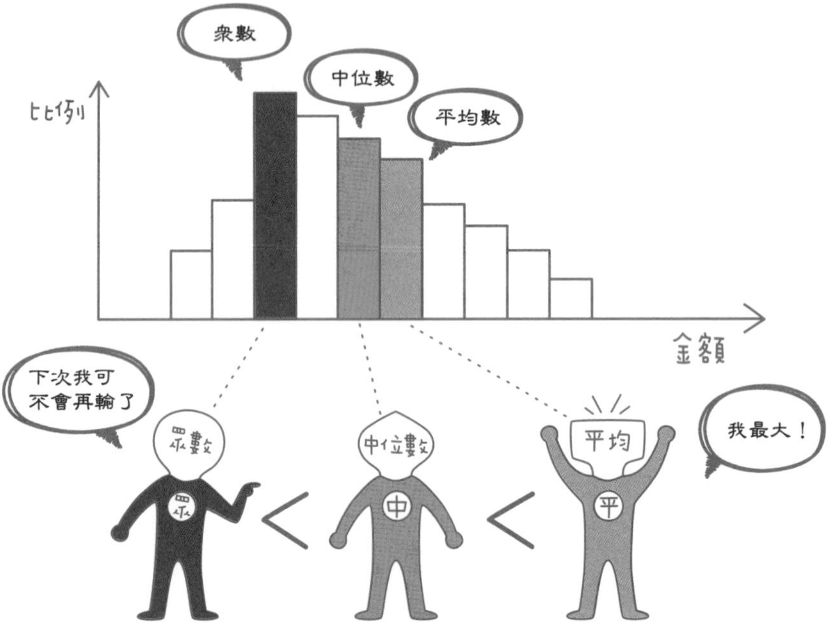

不同資料會影響到3項集中量數的位置變化

慶太問：「為什麼會發生這種事呢？」老師說：「平均數、中位數、眾數幾乎一致的情況，只會出現在資料使用圖表表示下左右呈現平衡分佈的時候。**圖表形狀歪向左右任一邊的情況下，3種集中量數的大小就會不同**。數據分佈情形的山丘偏向左邊時，我們就知道集中量數的大小順序會是眾數≦中位數≦平均數。」

集中量數重疊的資料

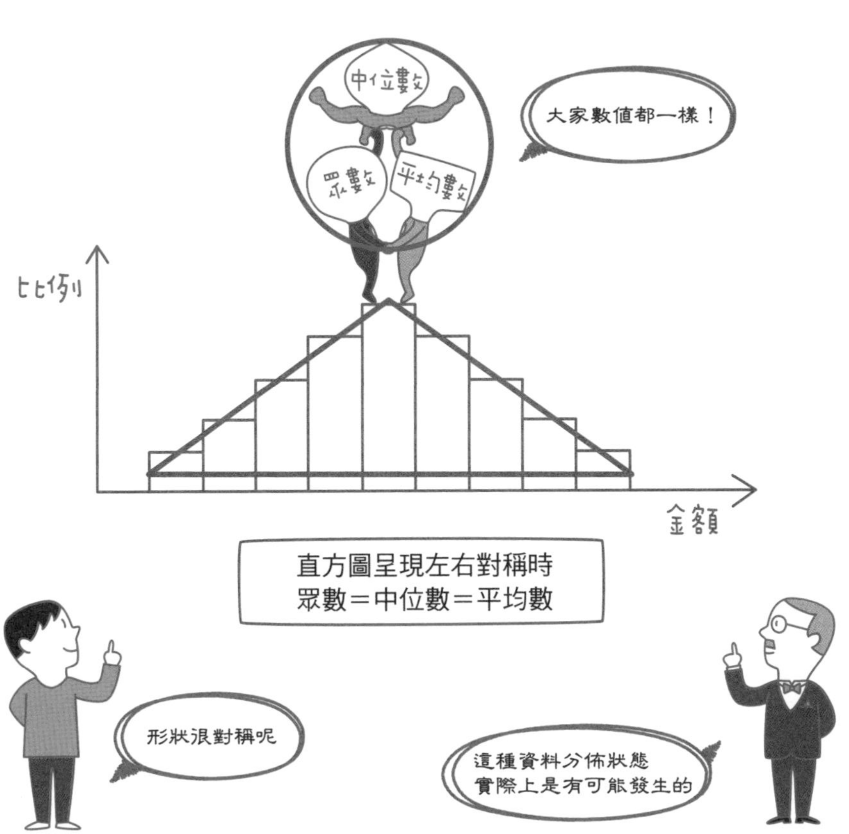

用直方圖表現資料時呈現左右對稱的狀況下，3項集中量數會是相同數值。反之則會出現大小差異，而這個差異可以從圖表的特徵來推論。

我想找出多筆資料的共同特徵

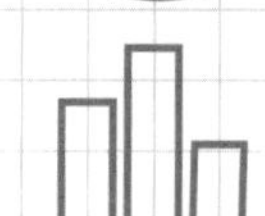

蒐集多筆資料的話，直方圖會呈現接近山丘的形狀。
而用曲線來表達這個圖表的東西就稱作「常態分配」。

「目前我們已經知道，**把各種數據換成圖表（直方圖）後，雖然不會左右對稱，但仍會有中間高、兩側低的傾向**。」老師說。「看起來就像山丘的形狀呢。」慶太說。老師繼續說下去：「把這個傾向用圓滑的曲線來表現的東西稱作『**常態分配**』。如果操作的資料越多，圖表就會越接近常態分配。」

宛如山丘形狀的直方圖

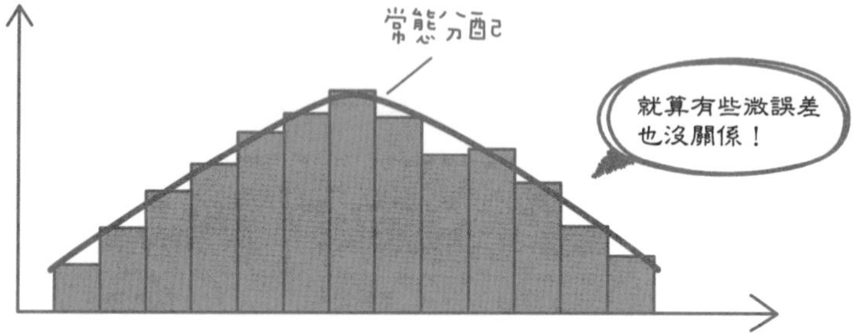

常態分配

就算有些微誤差
也沒關係！

直方圖大致呈現山丘形狀
||
代表資料接近常態分配

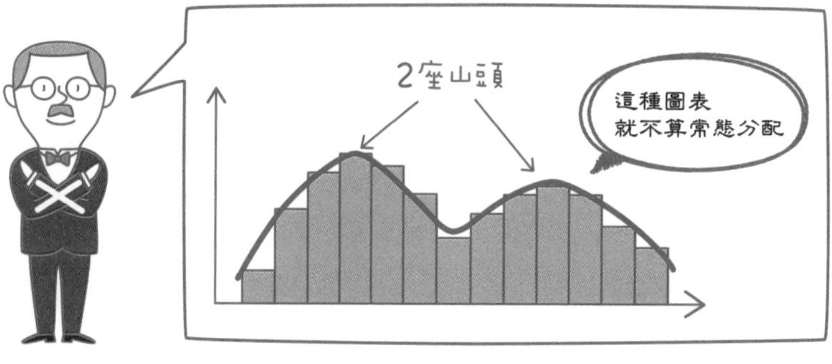

2座山頭

這種圖表
就不算常態分配

「**一般認為大多資料的分佈狀況會符合常態分配**。不光是慶太同學負責的區域，將所有連鎖店的營業額圖表化後，照理說還是會呈現近似於山丘的形狀。」慶太發問：「就是說**眾多資料都有共同的形態嗎**？」老師告訴他：「就是這樣。所以常態分配對於理解統計學的人來說，是非常重要的概念。」

可以用來比照許多情形

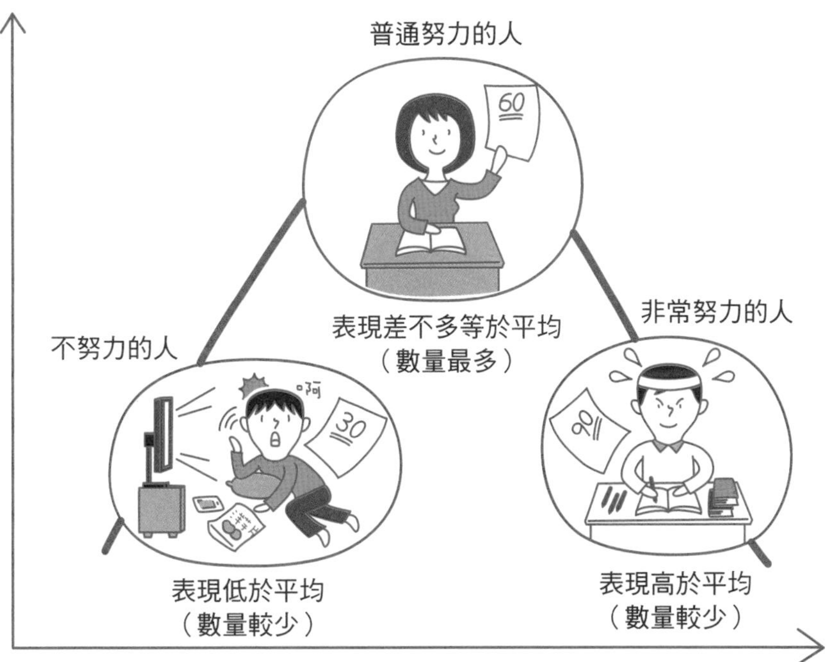

具備好的條件（壞的條件）就會得到比平均還好（壞）的結果 ＝ **常態分配**

特徵是呈現左右對稱的鐘形曲線

我想了解統計分析的關鍵——常態分配

多數資料會符合常態分配的形狀。統計學上有許多應用此現象的方法，可以得知數據的比例等各式各樣的資訊。

「**常態分配曲線是指平均數的資料最多、離平均越遠的資料筆數成比例減少的一種圖表**。比方說想想看人的身高，平均身高的人數最多，高於平均身高10cm和矮10cm的人數比例會一樣。」老師說明後，慶太喃喃自語：「越接近平均值的比例越高，這種情況好像很常見，但仔細想想還真是不可思議呢。」

常態分配本身為工整的形狀

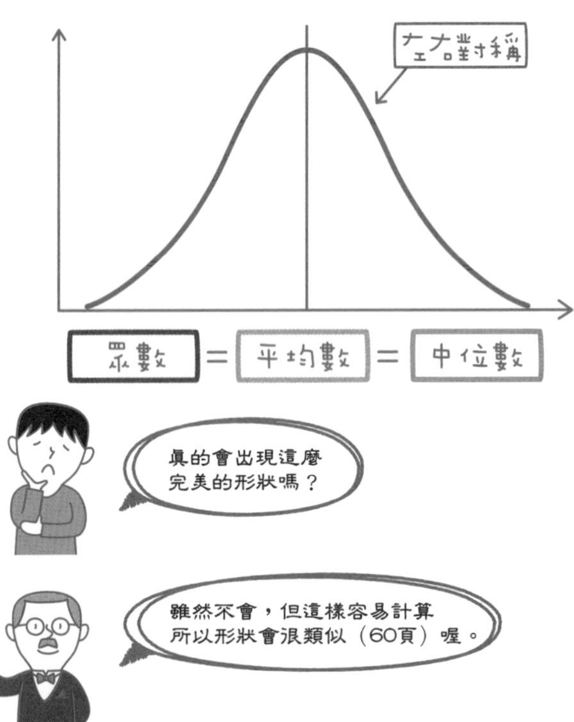

老師繼續說：「雖然理論上很難懂，但這可以套用在諸多現象上，所以**常態分配的應用**技術非常發達。**利用常態分配，就能知道屬於某個數值的資料出現的機率**。實際上，在計算大量生產的零件中存在多少瑕疵品時就會使用這種方法。」慶太聽了後，開始對使用常態分配分析事物躍躍欲試了。

常態分配的使用方法

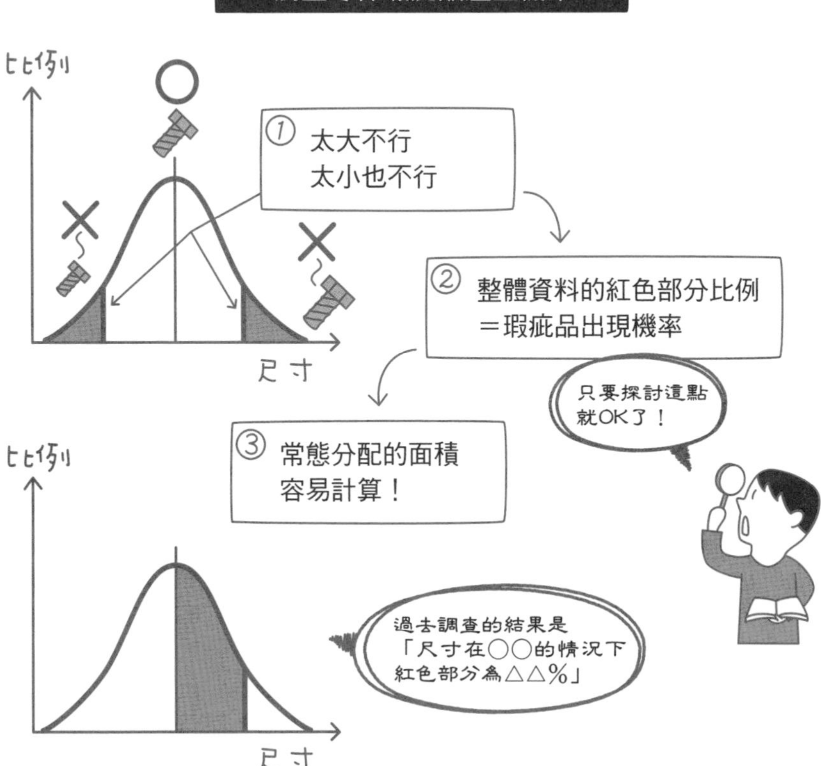

就算製作固定大小的螺絲，仍會產生某種程度的誤差。而我們可以視做好的螺絲尺寸分佈情況符合常態分配。運用常態分配的話，就能調查符合條件的螺絲生產率，可以管理生產狀況避免浪費。

我想製作次數分配表

要將資料轉換成直方圖，建議可以先製作次數分配表，可以讓資料整體的分佈狀況一目瞭然。

「**將資料的分散方式轉換成圖表時，選擇直方圖（44頁）會好懂很多**。」老師才剛開始講，慶太就問：「直方圖是怎麼做的呢？」老師回答他：「為了製作直方圖，首先要先製作**次數分配表**。」慶太問：「次數分配表？」老師說明：「**就是以一定範圍將資料進行分類，並表示該範圍內資料筆數有多少的表格**。分類時的範圍就稱作『組』，組中的資料筆數就稱作『次數』，而各組下

將表格變成直方圖

組(萬日圓)	組中點(萬日圓)	次數
40～50	45	2
50～60	55	3
60～70	65	5
70～80	75	6
80～90	85	3
90～100	95	1

※店鋪單日營業額的次數分配表

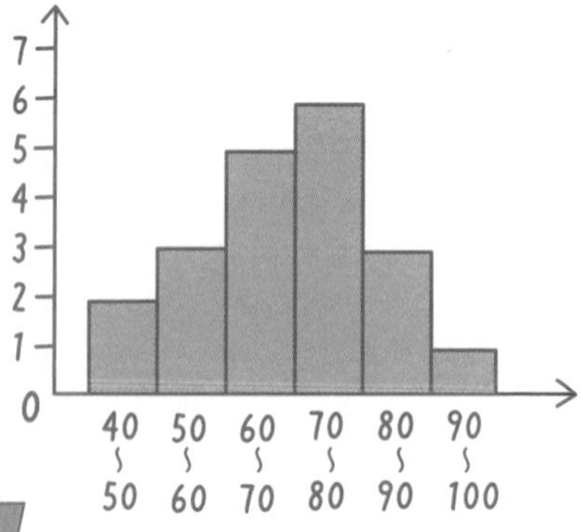

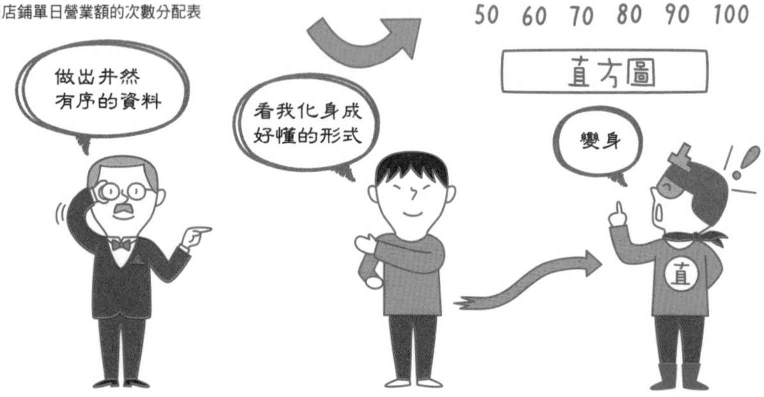

限與上限的中間值則稱『組中點』。那麼慶太同學，我們來試試看在Excel的儲存格中輸入組、次數以及組中點，做出表格。」並繼續對慶太說：「組數和組距該怎麼決定，我們會在下一頁說明。先記住我們現在做的**次數分配表是繪製直方圖的地基**。」

次數分配表的製作方法

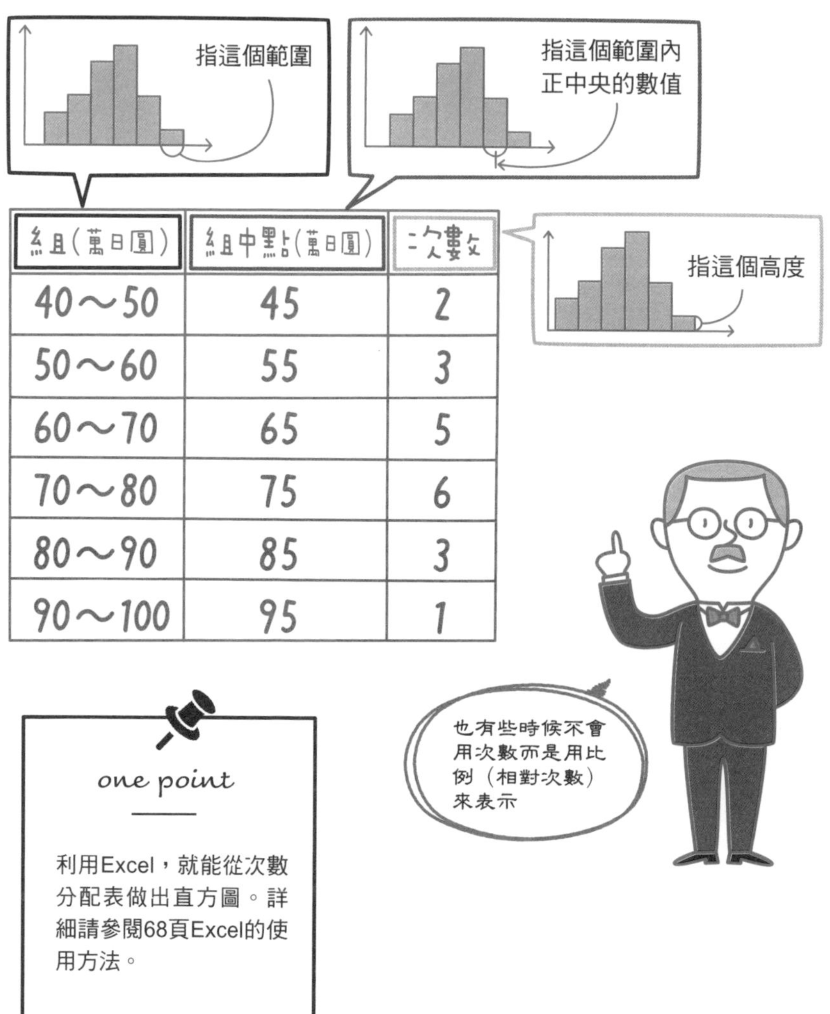

組（萬日圓）	組中點（萬日圓）	次數
40～50	45	2
50～60	55	3
60～70	65	5
70～80	75	6
80～90	85	3
90～100	95	1

one point

利用Excel，就能從次數分配表做出直方圖。詳細請參閱68頁Excel的使用方法。

我想決定組距

製作次數分配表時，決定「組」數要多少是個令人頭痛的問題。
要決定出確切的組數時，可以使用「史塔基法則」。

慶太問：「那要怎麼製作次數分配表呢？」老師說：「先設定好組別。」慶太馬上又問：「組數要設多少個才好呢？」老師回答：「如果資料筆數有80筆左右，大概分成6～10組就行了。**也有方法可以計算出適當的組數，那就是史塔基法則**。」

縮短組距的話

和64頁資料的原數據相同

組（萬日圓）	組中點（萬日圓）	次數
40～45	42.5	1
45～50	47.5	1
50～55	52.5	3
55～60	57.5	0
60～65	62.5	1
65～70	67.5	4
70～75	72.5	4
75～80	77.5	2
80～85	82.5	3
85～90	87.5	0
90～95	92.5	1
95～100	97.5	0

老師繼續說：「這項法則的公式為：**『如果資料筆數有2^n筆、組數有K組，那麼可以利用K＝n＋1的公式來算出。』**假設資料筆數有64筆，那麼n＝6，所以K＝6＋1＝7，也就是說可以分成7組。不過這項公式本身是靠經驗推導出來的，充其量只是一個大概的標準，並不是說套進公式算出來的答案才是唯一解答。」

決定適當組距的史塔基法則

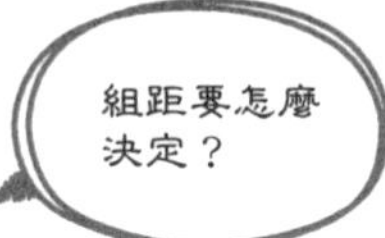

史塔基法則
假設資料筆數有2^n筆
組數 ＝ n+1

資料筆數	適當的組數參考基準
2的1次方=2	2
2的2次方=4	3
2的3次方=8	4
2的4次方=16	5
2的5次方=32	6
2的n次方	n+1

組距會大大影響到直方圖，而可以作為組距參考基準的公式就是史塔基法則的公式，能從資料筆數求出恰當的組距。但這也只是參考，實際分組時可以用算出來的值為基準，多嘗試不同的分法。

我想將資料轉換成直方圖

將資料轉換成直方圖絕對沒有想像中那麼難。
試試看用Excel來繪製直方圖吧。

「試試看用Excel把資料繪製成直方圖吧。」老師開始教導**Excel的使用方法**。「首先像圖①一樣做出次數分配表的表格，並決定各組數值。只要求出前一頁說明的組數，自然也會決定出各組數值，接著再輸入各組資料對應的次數。**資料量少的話親自輸入也沒關係，但資料量太多時，使用COUNTIF函數可以省下不少麻煩**。」

用Excel來製作次數分配表

①

D	E	F	G
劃分各組界線			
<	<=		
組下限	組上限	組	次數
0	10	0-10	
10	20	10-20	
20	30	20-30	
30	40	30-40	
40	50	40-50	
50	60	50-60	
60	70	60-70	
70	80	70-80	
80	90	80-90	
90	100	90-100	

②

D	E	F	G
劃分各組界線			
<	<=		
組下限	組上限	組	次數
0	10	0-10	=COUNTIF($B$2:$B$11,$D$2&E5)-COUNTIF($B$2:$B$11,$D$2&D5)
10	20	10-20	
20	30	20-30	
30	40	30-40	
40	50	40-50	
50	60	50-60	
60	70	60-70	
70	80	70-80	
80	90	80-90	
90	100	90-100	

COUNTIF函數是計算指定範圍的數字有幾筆的方程式。扣掉未達組上限及不滿組下限的數據，就可以求得各組的次數。

「在次數的儲存格中插入COUNTIF函數，再跟下圖一樣輸入選擇範圍與搜尋條件，就能簡單得出次數。接下來將各組數值和次數的儲存格全部選起來，點開Excel功能列→『插入』索引標籤→『圖表』→選擇『直條圖』，就能將資料轉變成直方圖。**如果選取的是組以及把各次數除以資料筆數所得出的相對次數，就會變成相對次數分配表**。」

①選取組以及次數

組	次數
0–10	0
10–20	1
20–30	1
30–40	1
40–50	3
50–60	2
60–70	1
70–80	0
80–90	0
90–100	1

②選擇圖表

插入圖表

點擊欲插入的圖表

	A	B	C
1	店鋪名	單日營業額（萬日圓）	
2	A	30	
3	B	40	
4	C	40	
5	D	90	
6	E	50	

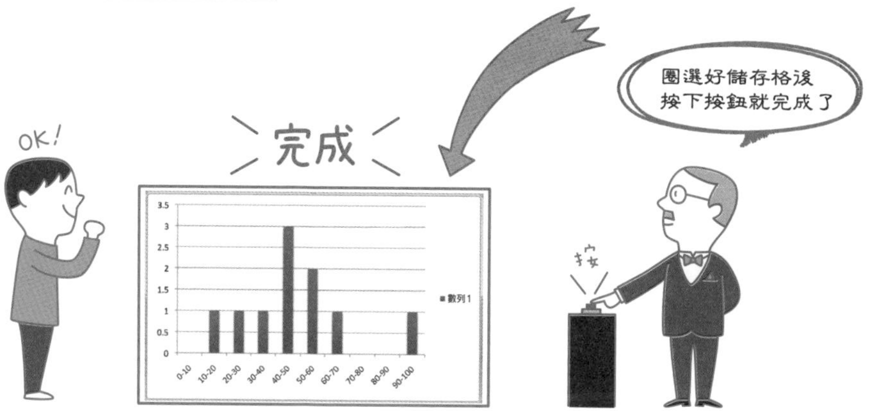

※一般直方圖中的長條圖裡，每一條之間並沒有空隙，如果在意的話可以變更設定把空隙填滿。

我想用Excel來求三項集中量數

想用Excel來求三項集中量數，只需要輸入各自的函數。
自己知道如何計算之後，熟悉操作這些函數也很重要。

「既然都學習怎麼製作直方圖了，那再進一步學習**Excel的使用方法**，看看怎麼求3項集中量數吧。」老師說。「**求平均數時使用AVERAGE函數（＝AVERAGE）、求中位數時使用MEDIAN函數（＝MEDIAN）、求眾數時使用MODE函數（＝MODE）**。選擇好代入函數的數據，就能求出資料的集中量數了。」

求三項集中量數

平均數

10	I	20
11	J	50
12		
13	平均數	=AVERAGE(B2:B11)
14	中位數	40
15	眾數	40

中央數

10	I	20
11	J	50
12		
13	平均數	43
14	中位數	=MEDIAN(B2:B11)
15	眾數	40

眾數

10	I	20
11	J	50
12		
13	平均數	43
14	中位數	40
15	眾數	=MODE(B2:B11)

慶太知道怎麼用Excel求直方圖和集中量數後看起來十分開心。老師提醒他：「**這樣點個幾下就能把沒有意義的一堆資料轉換成有意義的數值和圖表**很讓人開心吧。但是千萬要注意，即使算出來的結果乍看之下沒有問題，也常常會有人作出錯誤的解釋。充分理解統計學的概念，並掌握統計學做得到與做不到的事情也十分重要。」

小心不要亂用圖表

Excel可以輕鬆計算出數值，圖表也只要一隻手指就能做出來，用過一次之後就讓人愛不釋手。但有一個小問題，就算數據出錯，也不太容易看出哪裡有問題。所以使用時要再三檢查「有沒有用到錯誤的數值」。

NO.

Date

column 03

「平均數」之父——凱特勒

計算出全人類的「平均數」！

計算考試成績等時候常用到平均數。而將「平均數」的概念推廣到全世界的人叫做阿爾道夫・凱特勒。推廣統計學重要指標的他，受人尊稱為「近代統計學之父」。1835年，他出版的書籍《論人》是一本蒐集全人類的資料，並計算出平均後統整而成的書籍，在歐洲佳評如潮，統計學和平均的趣味及重要性也隨之推廣開來。另外，該書也應用於現代醫學上，包含肥胖程度的指標「BMI指數」也是他倡導的概念。除此之外他還刊行統計學的雜誌，並致力於成立統計學學會，在各國協力之下，終於讓統計學發展起來。

Chapter

04

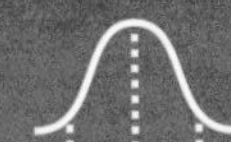

從標準差來求比例

學了資料分析方法，慶太對統計學感到越來越有趣。但隨著課程進展，也開始出現「離散程度」這些陌生的詞。溫故之後，就要再進一步知新。

我想知道店面的營業額從前面數來排第幾名

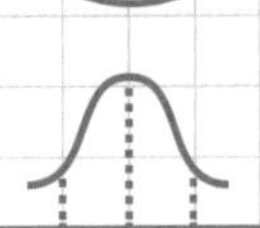

慶太雖然學了統計學的基礎，但到了分析階段時似乎不太順利。為什麼分析的結果會和預想的不一樣呢？

慶太學過包含平均數在內的3項集中量數後，開始在意起需要改善經營狀況的餐廳A的營業額，在全部的店鋪之中到底算是第幾好（或第幾差），於是他決定將所有店鋪的平均營業額跟A店的營業額拿來做比較。結果，**餐廳A的營業額比平均還多了20萬日圓。慶太感覺A店的營業額比想像中來的好，於是感到十分安心**。

就算平均數相同，資料特徵也不同

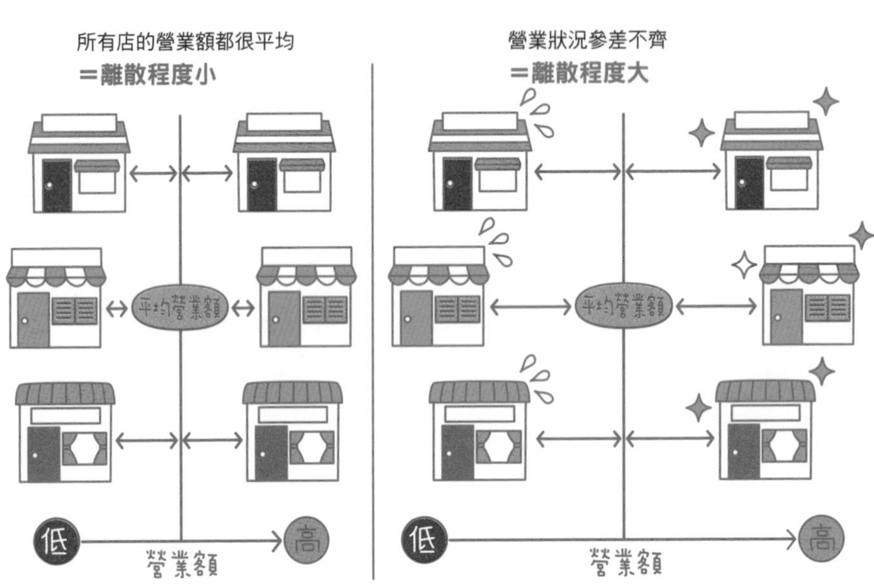

兩邊的平均值都一樣

不過，這時老師糾正他：「**資料的離散程度**如果很大，營業額就不見得真的很好。資料的離散程度指的是平均營業額與各店鋪營業額之間的差距，換作圖表時，很多數值接近平均數的話我們會說離散程度小，反之則稱為離散程度大。**像下圖這些店鋪一樣，離散程度很大的情況下，餐廳A在所有店鋪中的順位就會大大改變**。」

用「比平均數高〇〇分」來判斷十分危險

離散程度大的情況下，排名很容易變低

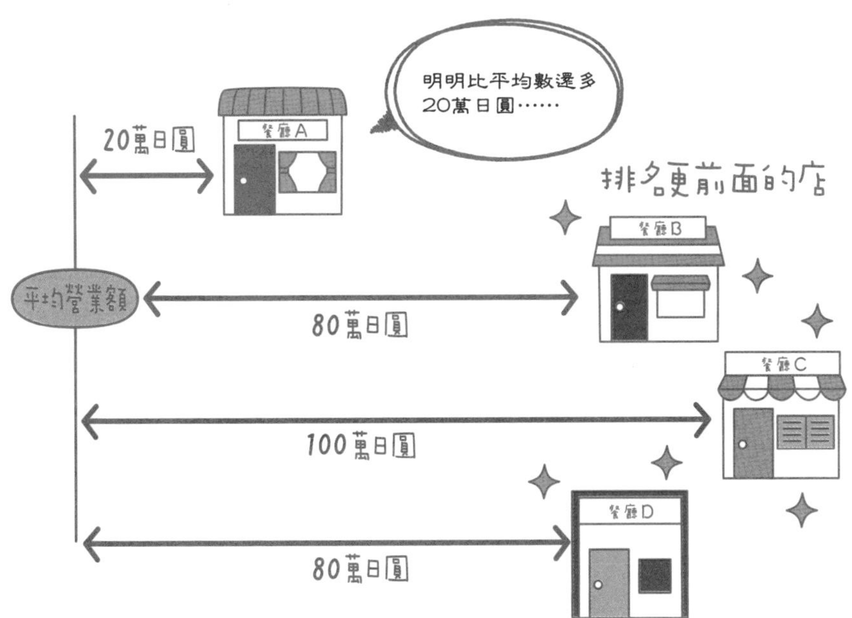

重要的是掌握離散程度

就算營業額超過平均數，放到所有店鋪裡頭看的話還是有可能會列在較低順位。因此不能光從平均數做判斷，掌握資料的離散程度也是十分重要。

我想表達營業額的離散程度

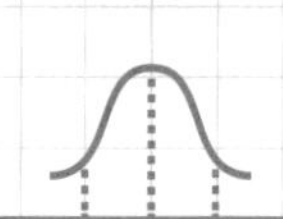

分析時，資料離散程度十分重要。
那麼，要怎麼樣才能用數值表現出這份差異呢？

慶太想用數值表現平均營業額相同的1月和8月兩份資料的離散程度。他計算平均營業額跟各店鋪營業額的差，並做成表格。心想只要把這些數字加起來，也許就可以求出整個月的離散程度大小了……。**實際算過後，發現數字有正有負，就算離散程度很大，加起來的和也會變小**。於是他決定詢問老師有沒有什麼好辦法。

只是把差加起來還是無法得知離散程度大小

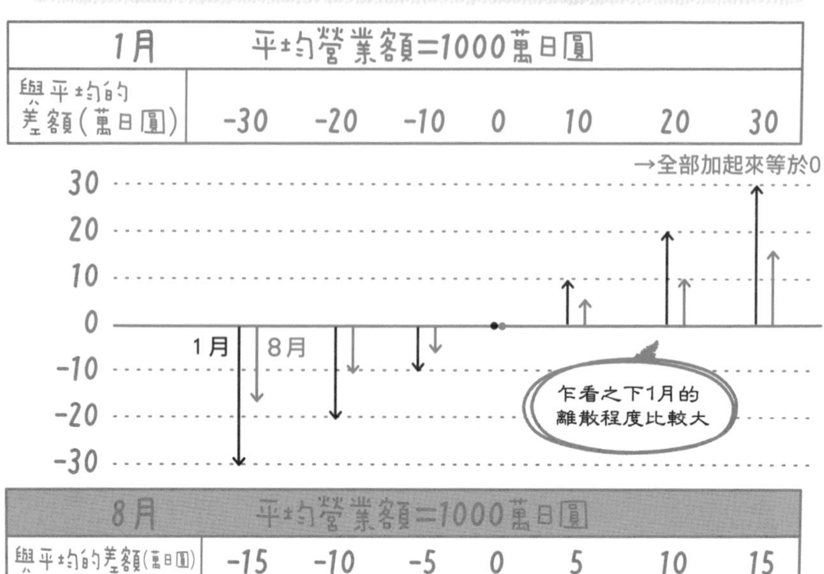

1月	平均營業額=1000萬日圓						
與平均的差額（萬日圓）	-30	-20	-10	0	10	20	30

8月	平均營業額=1000萬日圓						
與平均的差額（萬日圓）	-15	-10	-5	0	5	10	15

→全部加起來等於0

⇒每筆與平均的差額加起來
1月跟8月都是0

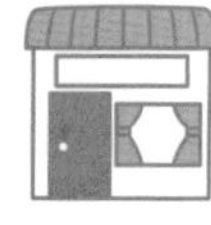

「這種時候，在統計學上會將**離均差（數值與平均數的差）平方**。**不管是正數還是負數，只要平方過後都會變成正的數值。平方後再將所有的數字加起來，就能知道離散程度大小了**。如果進一步除以店鋪數量，就算1月和8月的店鋪數不同，也容易做比較。像這樣將離散程度大小除以**資料筆數**以便進行比較的數字，稱作『**變異數**』。」

平方後就能辨別離散程度大小

變異數 ＝（與平均數的差）^{2} 的和 ÷ 資料筆數

1月							
差額(萬日圓)	-30	-20	-10	0	10	20	30
平方	900	400	100	0	100	400	900

→全部加起來等於2800，除以店鋪數後，變異數為400

8月							
差額(萬日圓)	-15	-10	-5	0	5	10	15
平方	225	100	25	0	25	100	225

→全部加起來等於700，除以店鋪數後，變異數為100

因此，1月的離散程度＞8月的離散程度

換句話說，我們可以知道1月時各店的營業額差距較大。

為了讓資料個數不同的情況下也能做比較，將數字再除以資料筆數得出來的結果稱作變異數。

我想讓離散程度看起來更簡單明瞭

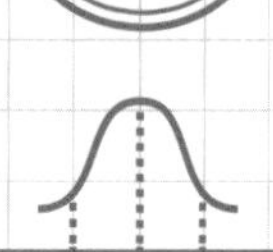

77頁算出來的離散程度大小再多花點心思，就能求出更好用的數值——標準差。

慶太學會怎麼比較離散程度大小了，並知道1月營業額的**變異數**為2800÷7＝400。「奇怪，1月營業額的離散程度竟然多達400萬日圓嗎？」正抱持這個疑問，老師就替他解惑：「**變異數是將數字平方後才算出的結果，所以會比實際的離散程度來的大**。」接著又說：「這種時候，可以求**變異數的平方根**，得到的數字感覺會比較接近實際情況。」

表示變異數的數值

1月							
差額(萬日圓)	-30	-20	-10	0	10	20	30
平方	900	400	100	0	100	400	900

→全部加總起來等於2800

所以變異數為
2800÷7（資料筆數）
＝400

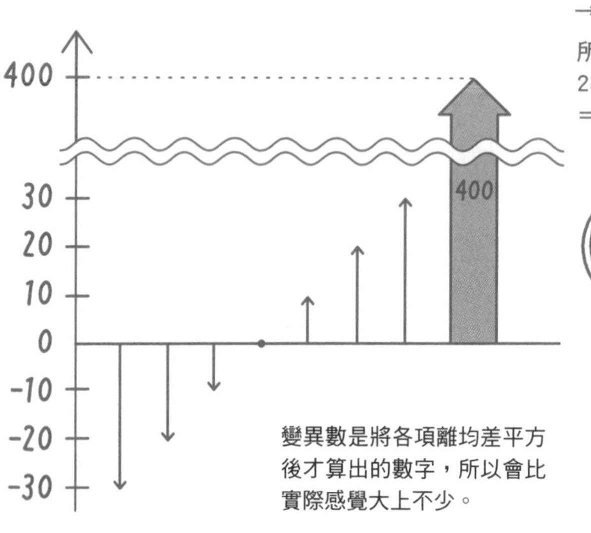

變異數是將各項離均差平方後才算出的數字，所以會比實際感覺大上不少。

慶太照著老師所說將變異數開根號後，$\sqrt{400}=20$。「1月營業額的離散程度平均如果在20萬日圓左右，感覺就還滿合理的。」慶太這麼想。老師說：「像這樣將變異數開根號得出的數字就稱為『**標準差**』。更詳細的說明留到下一頁，但可以先知道**標準差是分析統計資料不可或缺的一項數字，是為了判別目標店鋪營業額優劣的必要指標**。」

標準差表現的東西

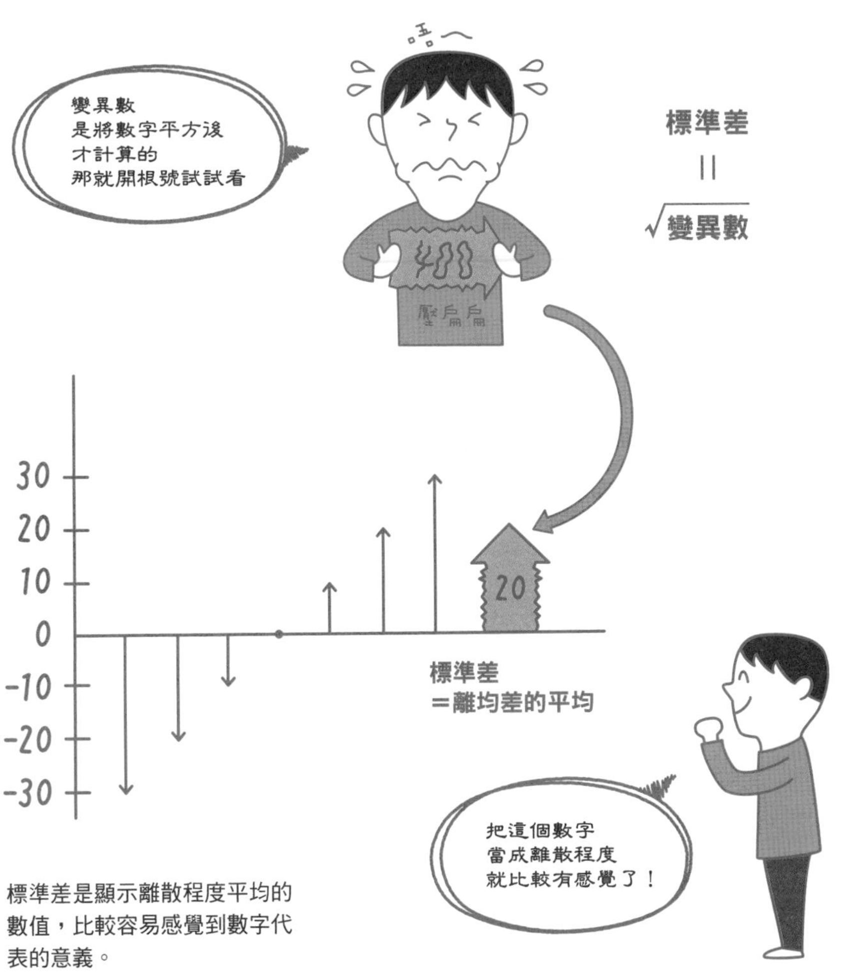

標準差是顯示離散程度平均的數值，比較容易感覺到數字代表的意義。

04 標準差

我想調查某店營業額有多優異

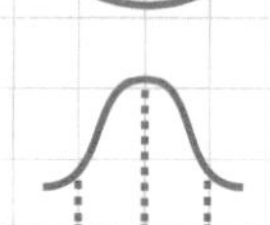

想知道某間店鋪的營業額有多優異時，
可以使用稱作百分等級的指標來探討。

老師對搞懂**標準差**是什麼的慶太說：「**母體**的離散程度大小不同時，就沒辦法從平均值來比較店鋪的營業額優不優異。但是**比較『營業額比平均分多出幾個標準差』就不必管離散程度大小，可以比較出營業額的優秀程度**。如果標準差為20萬日圓，比平均多20萬日圓營業額的情況，就表示該店營業額高於平均1個標準差。」

標準差是優異程度的「量尺」

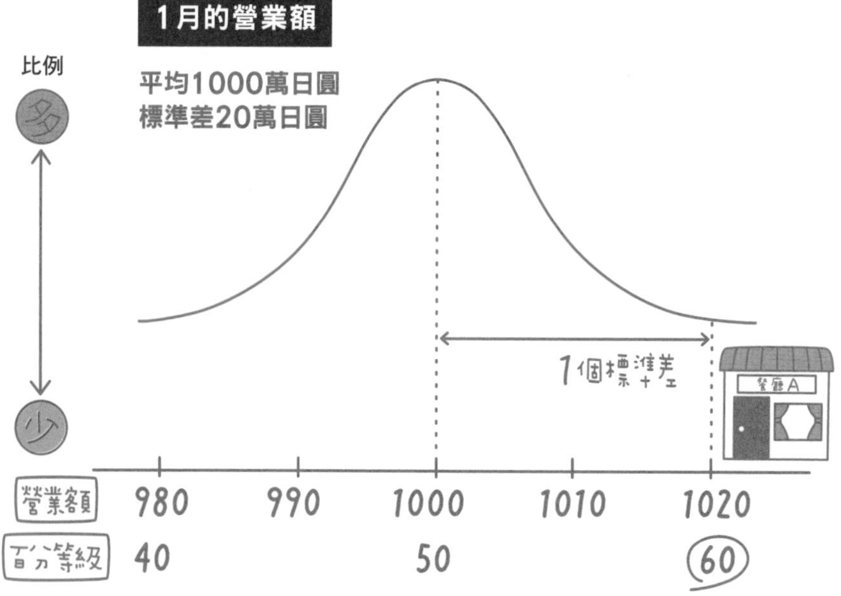

餐廳A的優異程度比平均高1個標準差

「另外，就算營業額一樣比平均多20萬日圓，標準差變成10萬日圓的話，就會變成優異程度比平均高2個標準差。換句話說，就算同樣『比平均多20萬日圓』，標準差為10萬日圓時的表現比較優秀。**考試上常聽到的『百分等級』就是運用這種概念的指標。優於平均n個標準差時，我們可以用『50+10×n』來求百分等級**。優於平均2個標準差時，『50+10×2』算出來的百分等級就是70。」

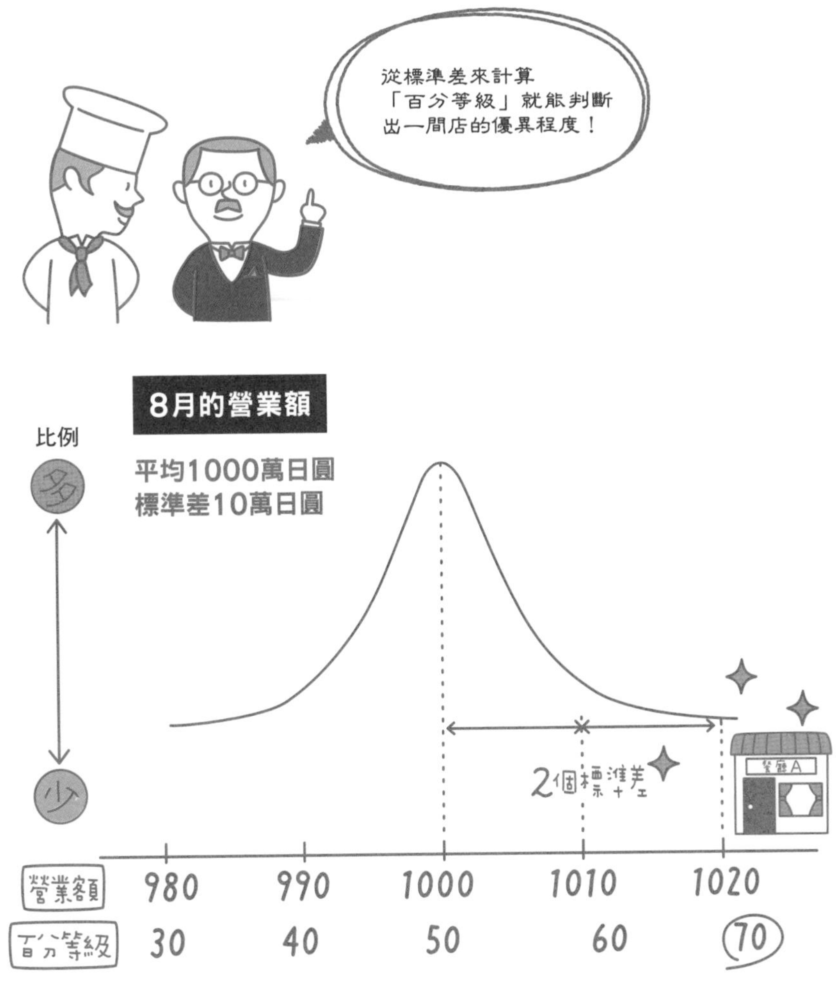

餐廳A的優異程度比平均高2個標準差

我想掌握營業額位於前面多少%

不需在意離散程度，能夠直接比較優劣「幾個標準差」的方法，其實是用來找出一筆資料在大集團中位處前面多少%。

慶太真心覺得「幾個標準差」這種比較方法方便到不行。老師說：「利用這種方法，**就算不知道所有店鋪個別的數值，也能夠知道餐廳A的營業額在所有店鋪之中處於前面多少%**。前提是要符合60頁介紹的常態分配（越接近平均營業額的店數越多、跟平均差越多的店數則越少），不過這個方法確實是一項好用的工具。」

透過標準差判斷比例

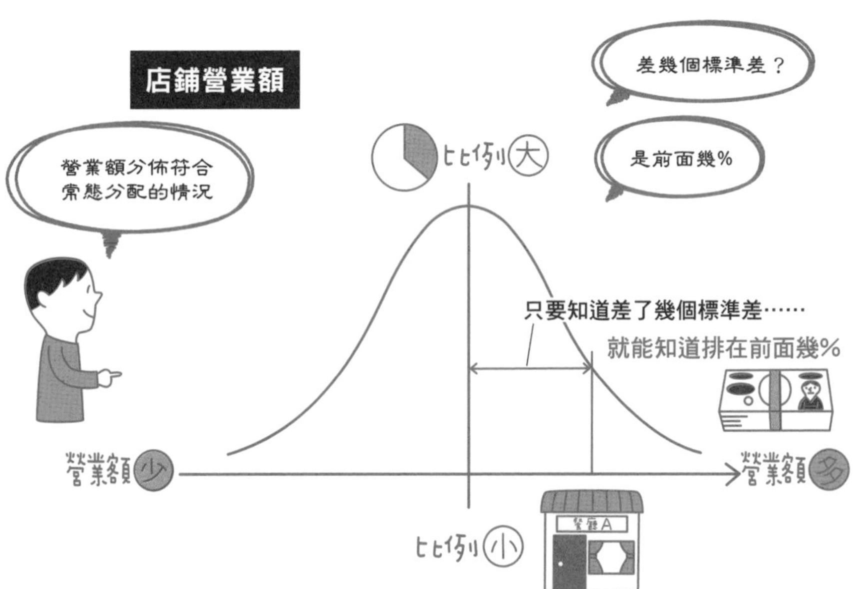

只要知道差幾個標準差就能知道排在前面幾%！

「待會我們再說明怎麼樣求餐廳A的營業額在所有店鋪之中處於前面幾%，在這之前我們要先記住『差幾個標準差』這種比較方式的名稱。**統計學上，多或少n個標準差，會用『標準分數為n分』來表現**。（餐廳A的營業額－平均營業額）÷標準差，這樣就能算出餐廳A的標準分數了。以標準分數來表現並比較數值的方法，在統計學上稱作『標準化』。」

標準差n個＝標準分數n分

差了多少個標準差

＝（餐廳A的營業額－所有店鋪平均營業額）÷標準差
1020萬日圓　　1000萬日圓　　10萬日圓

＝標準分數
2分

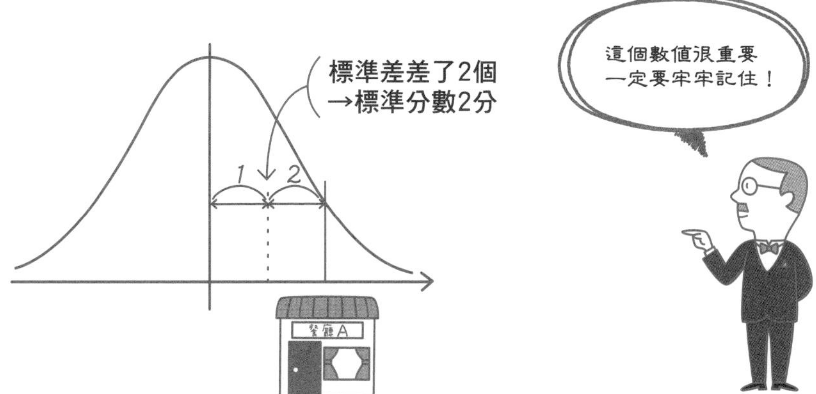

為了找出某店鋪營業額位於整體前面算來幾%的位置，我們就需要「差了幾個標準差」這種概念。而基於這個概念所求得的數字稱作「標準分數」。這邊是1020萬日圓（餐廳A的營業額）－1000萬日圓（平均營業額）之後再除以10萬日圓（標準差），所以得到的結果是標準分數2分。標準分數還分成許多種類，有些人也會將百分等級稱作標準分數。

我想從標準分數來求比例

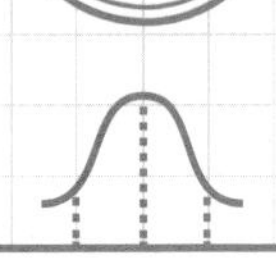

用標準差來求比例時會用到「標準常態分配表」，能夠找出一項數值與平均值之間的差佔的比例。

「想探討一項資料處於前面幾%時，我們會用到**標準常態分配表**。」老師將表拿給慶太看。「Z的部分對應**標準分數**。一數值到小數點第一位為止作為縱向的單位刻度，而小數點的第二位則拿來當作橫向的單位刻度。比方說餐廳A的標準分數是1.00，那就看下圖標示的地方。**這個數值是表現出平均值以上、餐廳A以下的店鋪佔了全體店鋪的幾%**。」

標準常態分配表的查法

	Z	② 0.00	0.01	0.02	0.03	-----
	0.1	.0398	.0438	.0478	.0517	-----
	0.2	.0793	.0832	.0871	.0910	-----
	0.3	.1179	.1217	.1255	.1293	-----
	0.4	.1554	.1591	.1628	.1664	-----
	0.5	.1915	.1950	.1985	.2019	-----
	0.6	.2257	.2291	.2324	.2357	-----
	0.7	.2580	.2611	.2642	.2673	-----
	⋮	⋮	⋮	⋮	⋮	⋮
①	1.0	.3413	.3438	.3461	.3485	-----
	⋮	⋮	⋮	⋮	⋮	⋮

※標準常態分配表是用來調查各種標準分數跟平均數之間的資料量佔了資料量全體的幾%。186頁有詳細的標準常態分配表可以確認確認。

由於查法比較特別要好好學起來喔

〈標準分數為1.00時〉
①與②交點上的數字顯示出比例。代表這種情況下，該數與平均之間的資料量比例佔整體的34.13%。

慶太問：「可以得知平均值和想探討的數值之間有多少資料是嗎？」老師回答：「沒錯。理論說明起來可能有些複雜，但標準常態分配就是將常態分配的所有資料**標準化**。**不管哪種常態分配，經過標準化後都會變成標準常態分配，所以使用要求具體數值的標準常態分配，就能求出比例等詳細的數值**。」

任何資料都能做成標準常態分配

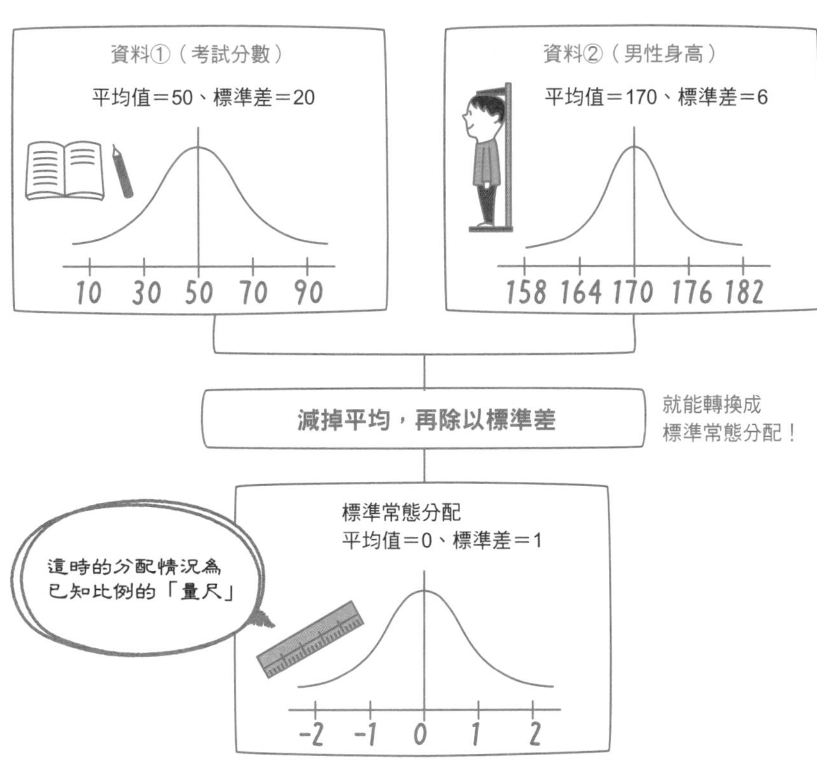

常態分配之資料的標準差各有不同。然而將所有數據「減掉平均、除以標準差」後，任何常態分配都能轉換成標準常態分配，再利用標準常態分配表就能計算出比例。

04 標準差

我想找出營業額落在特定區間內的店面有多少比例

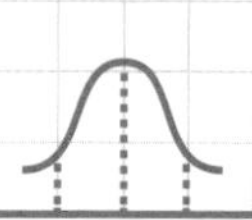

利用標準分數和標準常態分配表，可以找出想求的區間佔整體資料多少比例。先試試看計算出欲求A數值到平均之間的比例。

「我們已經知道，使用標準常態分配表，就能找出平均值到該數值之間的區塊有多少資料。運用這項方法，就能求出餐廳A的營業額排在前面幾%。**不過在那之前，先來練習算算看位於平均營業額跟餐廳A營業額之間區塊的店鋪佔整體店鋪多少比例吧**。」老師說。慶太問：「用標準分數來求沒錯吧？」並接著算：「店鋪營業額的分配情況，如果平均營業額1000萬日圓、標準差200萬日圓且符合常態分配的情況，那麼餐廳A的營業額是1400萬日圓，標準分數

用標準常態分配求得的東西

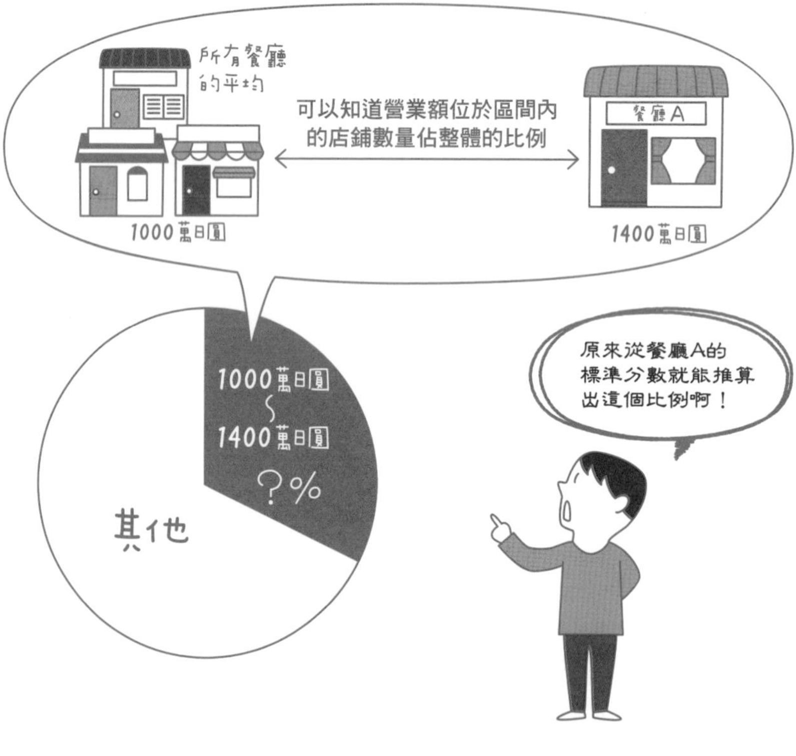

所有餐廳的平均
1000萬日圓
可以知道營業額位於區間內的店鋪數量佔整體的比例
餐廳A
1400萬日圓
1000萬日圓～1400萬日圓
?%
其他
原來從餐廳A的標準分數就能推算出這個比例啊！

就是（1400－1000）÷200等於2分。」然後他問老師：「標準常態分配表上找到縱軸2.0、橫軸0位置的數值為0.4772。這個數字代表什麼意思呢？」老師解釋：「**表示紀錄上營業額位於1000萬日圓（平均營業額）～1400萬日圓（餐廳A）之間的店鋪數量佔全體的幾%**。1就是100%，所以0.4772就是47.72%。」

計算平均值與餐廳A之間比例的步驟

①整理必要資訊

餐廳A的營業額：1400萬日圓
平均營業額：1000萬日圓
標準差：200萬日圓

②計算標準分數

（1400萬日圓－1000萬日圓）÷200萬日圓＝2分

③查標準常態分配表

z	0.00	0.01	0.02
1.9	.4713	.4719	.4726
2.0	.4772	.4778	.4783
2.1	.4821	.4826	.4830

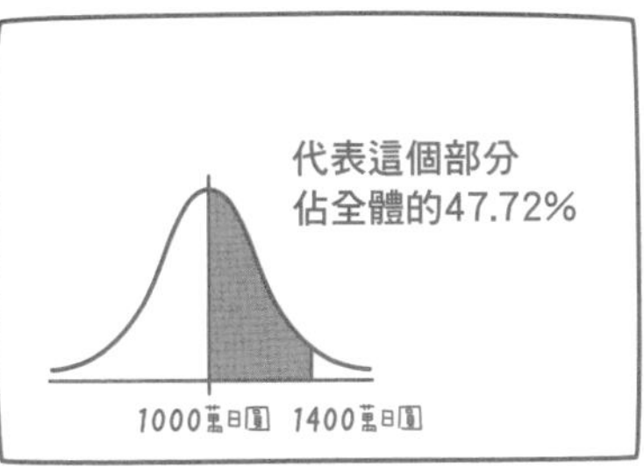

我想找出營業額從前面算過來落在幾%

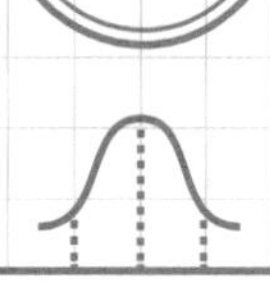

總算要來計算想調查的數字究竟落在整體的前面幾%了。
另外，也來算算看欲求區塊的比例吧。

「理解到這個程度後，要計算餐廳A的營業額位於全體前面幾%就易如反掌了。由於常態分配是以平均值為分界線呈現左右對稱，所以平均值之上的店鋪數量佔了全體的50%。我們前面算出平均值到餐廳A營業額的比例是47.72%，**那麼計算50.00%－47.72%＝2.28%，我們可以知道餐廳A的營業額為全體店鋪的前2.28%**。」老師說。

計算餐廳A的營業額位於前面幾%

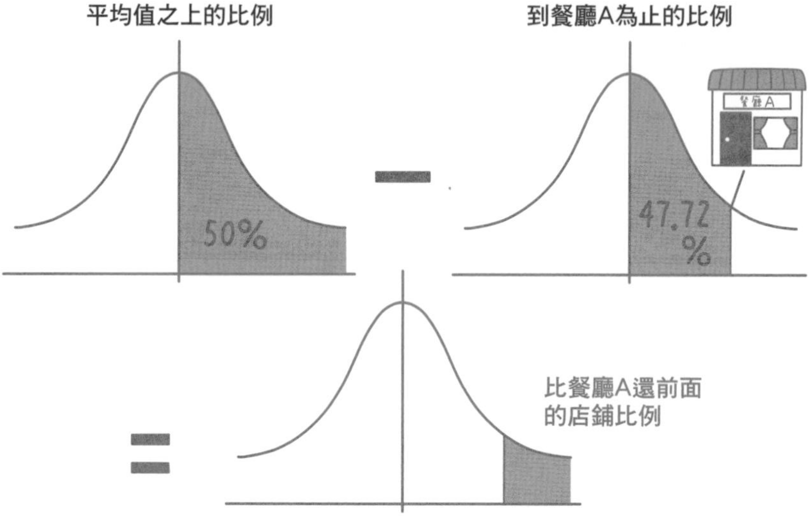

平均值之上的比例

50%

－

到餐廳A為止的比例

47.72%

＝

比餐廳A還前面的店鋪比例

終於算出餐廳A的營業額位在全體前面幾%啦！

接著慶太問：「終於算出到底是前面幾%了。那我想問，**餐廳A的營業額1400萬日圓和餐廳B的營業額1100萬日圓（標準分數為0.5分）之間有佔整體幾%的店鋪也算得出來嗎**？」老師告訴他：「可以，而且還很簡單。用平均營業額跟餐廳A營業額之間的比例，減去平均營業額跟餐廳B營業額之間的比例就好了。」

計算特定區間的比例

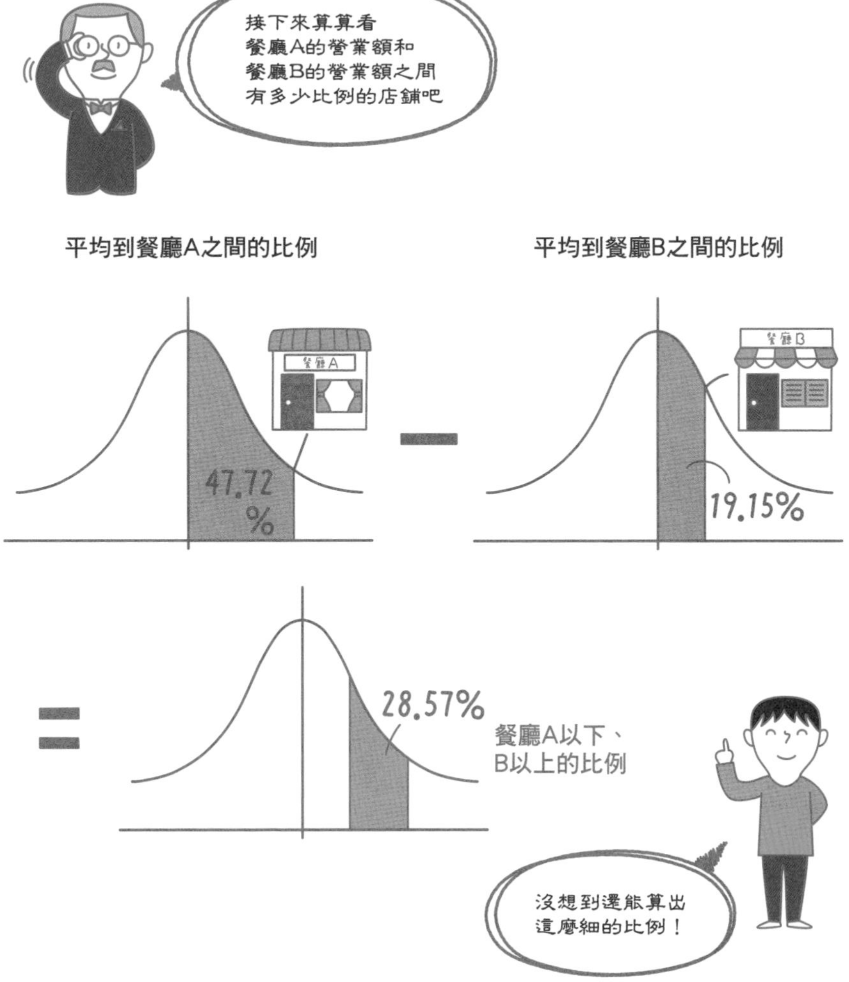

我想比較平均數不同的兩資料之離散程度

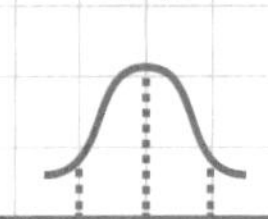

慶太打算來分析全餐銷售額的離散程度。
雖然使用標準差進行比較，但好像不太順利。

慶太已經了解到分析資料時，離散程度十分重要。**他分析午餐時段和晚餐時段的客單價（賣給單位客人的平均銷售額）**。「午餐時段，平均值1000日圓減掉標準差600日圓，晚餐時段平均值4000日圓減掉標準差2000日圓，所以晚餐時段的離散程度比較大呢。」老師聽到他這麼說，趕緊提醒他。

離散程度無法用標準差來比較

「雖然乍看之下晚餐時段的離散程度比較大，但真的是這樣嗎？」老師問他。慶太才發現：「我懂了。**晚餐時段的平均數較大，所以光靠標準差也沒辦法計算**。」老師說：「沒錯。標準差雖然是用來找出離散程度大概有多少日圓的指標，但不適合用在平均數不同的兩母集合離散程度之比較上。」

離散程度會受到平均數影響

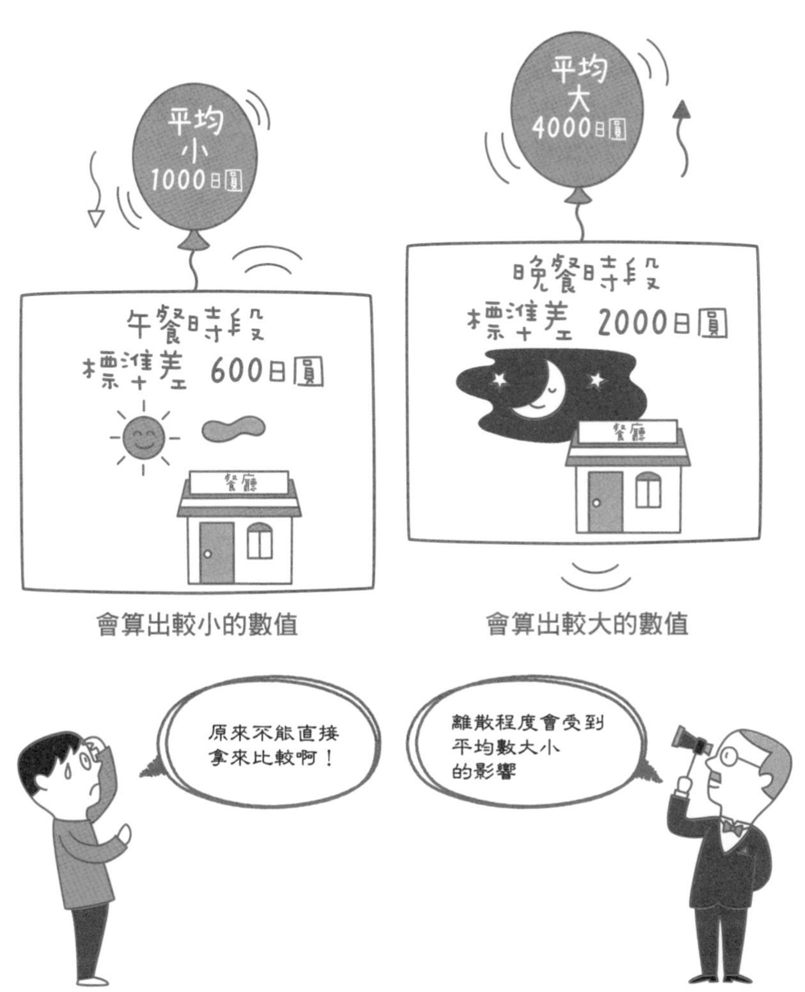

比方說平均1000日圓對標準差100日圓，跟平均1萬日圓對標準差100日圓的兩種情況，就會變成後者的離散程度程度較小。

我想透過變異係數比較離散程度大小

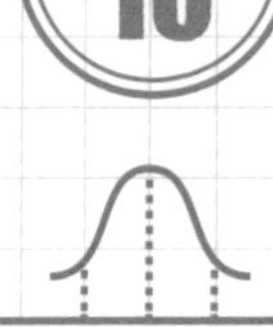

平均數不同的資料，不好透過標準差來比較離散程度。
所以要用變異係數這項指標，來調查不受平均值影響的離散程度。

慶太已經知道，平均值不同的資料無法使用標準差來比較離散程度大小。老師對他伸出援手：「這種情況下，使用『**變異係數**』這項指標就很方便。變異係數是**標準差**除以**平均值**後得到的數值。如果用上一頁的資料欄來看，午餐時段是600日圓÷1000日圓＝0.6，晚餐時段是2000日圓÷4000日圓＝0.5。由於**除掉平均值，出來的結果就不會受到平均值大小影響了**。」

使用變異係數容易比較離散程度

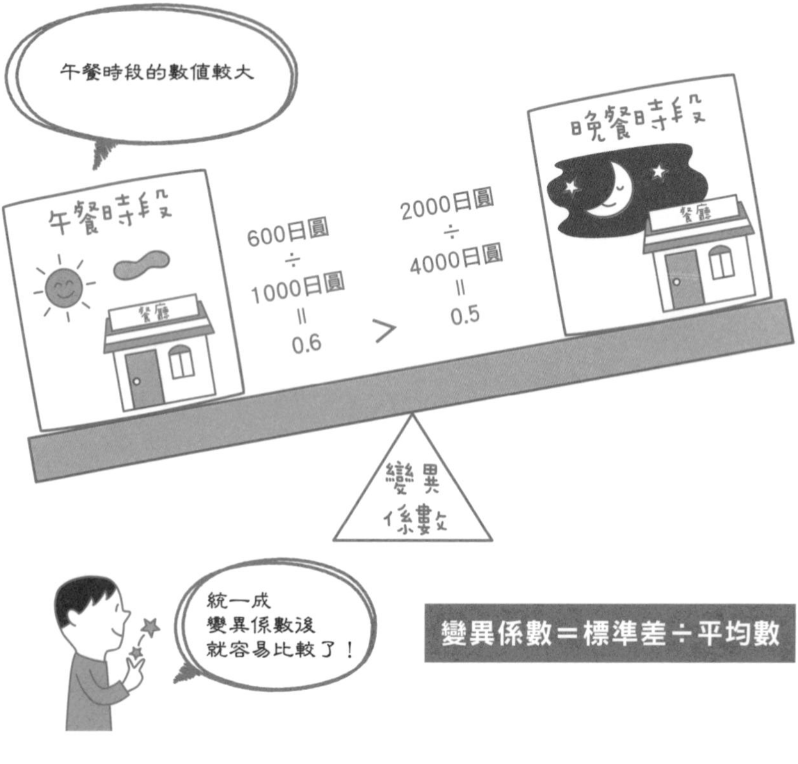

午餐時段的數值較大

午餐時段

餐廳

600日圓
÷
1000日圓
＝
0.6

＞

2000日圓
÷
4000日圓
＝
0.5

晚餐時段

餐廳

變異係數

統一成
變異係數後
就容易比較了！

變異係數＝標準差÷平均數

「原來是這樣。用變異係數來比較的話，就能知道午餐時段的離散程度比較大了呢。」慶太問，老師解釋：「由於不會受到平均值影響，可以比較出正確的離散程度。變異係數的好處在於不用考慮單位，可以直接進行比較。**客單價（日圓）和分店數（間）等不同單位的資料離散程度，也可以使用變異係數進行比較**。」

什麼都能拿來比較的變異係數

標準差 單位不一，無法比較

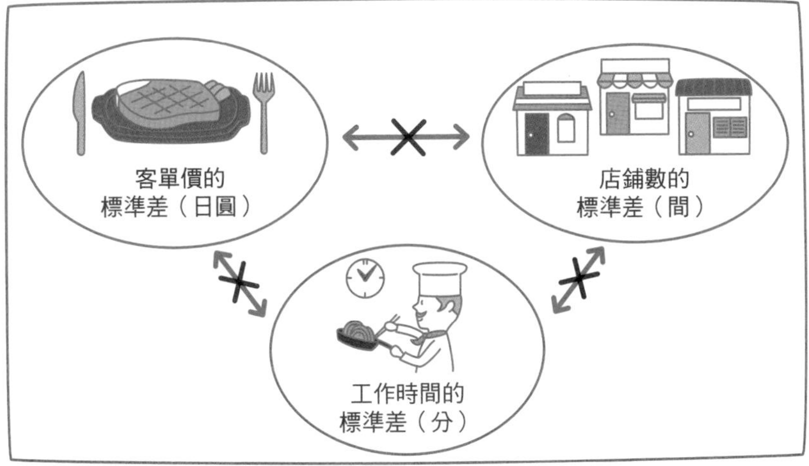

變異係數 由於沒有單位，可以比較大小

04 標準差

NO.

Date

column 04

創造「恩格爾係數」的恩格爾

家庭收支一覽無遺!? 調查消費傾向的恩格爾

德國統計學家恩格爾碰上因調查家庭收支而在當時紅遍半邊天的拉普雷、和統計學之父凱特勒（72頁）兩人，受他們的影響甚鉅。他就任普魯士王國統計局長後，發表了人民盛讚為名著的《比利時勞工家庭之生活費》。恩格爾調查比利時國內勞工家庭收支，發現伙食費支出佔全體收入比率大的情況多出現於低所得家庭，也就是說經濟較拮据的家庭，會將較多收入撥給伙食費。這個現象稱作「恩格爾法則」，日後發展出表現家庭收支中伙食費占多少比例的「恩格爾係數」。如今，在探討人民生活水準的政策上也常會以這項係數作為重要指標。

Chapter

05

用「盒鬚圖」進行精準分析

對統計學方法有更深入的理解，慶太一副洋洋得意的樣子。 然而分析資料時有幾項必須特別注意的地方。老師仔細地說明謹慎且精準分析資料的訣竅。

我想消除計算平均數時出現的極端數值

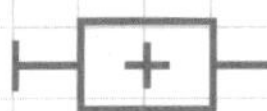

資料中如果出現極端數值，平均數就會受到影響。
那麼我們要怎麼判斷一項數值是不是「極端數值」呢？

上司要慶太分析餐廳的紅酒販賣狀況。他先從目前所有店鋪都有販賣的紅酒開始調查銷售額，結果發現平均每間店的銷售額差不多有10萬日圓。他心想：「賣得不錯嘛。」覺得心滿意足，然而老師提醒他：「**光用平均數當作整體資料的傾向來看非常危險**。看看餐廳A和B的紅酒銷售額。」

極端數值會阻礙正確的分析

全店鋪的紅酒銷售額		
排名	店名	店銷售額
1	餐廳A	46萬日圓
2	餐廳B	30萬日圓
3	餐廳C	5萬日圓
4	餐廳D	4萬日圓
5	餐廳E	4萬日圓
6	餐廳F	3萬日圓
7	餐廳G	3萬日圓
8	餐廳H	2萬日圓
9	餐廳I	2萬日圓
10	餐廳J	1萬日圓

把紅酒A銷售情況好到翻掉的店也算進去的話平均為10萬日圓

如果只算其他店鋪的話平均為3萬日圓

分析一般的店鋪情況才是最根本的目的。

「餐廳A的紅酒銷售額46萬日圓，餐廳B是30萬日圓!?」慶太看到銷售額嚇了一跳。老師解釋：「**不算A和B的情況，平均銷售額是3萬日圓，這個數值可以說有助於分析全體店面的情況**。像這樣會影響資料分析的特大或特小數值，我們稱作『**離群值**』。將離群值排除在外，就能進行更加準確的分析。」

增加分析難度的離群值

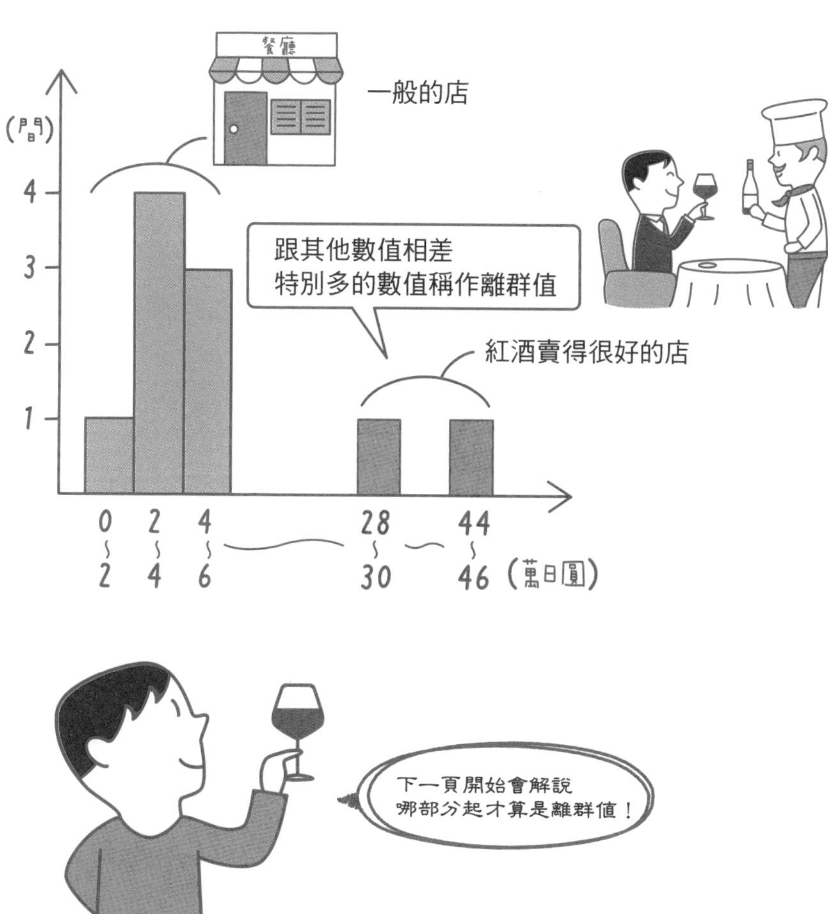

我想知道如何找出「離群值」

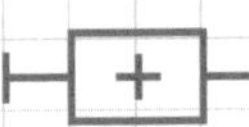

資料分析時，重要的是要考慮到離群值。
那麼，到底要怎麼找出離群值呢？

慶太聽到離群值時產生了疑問。「我能明白計算時排除掉離群值會比較好，但到底從哪裡到哪裡算是離群值呢？」老師回答：「問得好。**我們要使用『盒鬚圖』這項工具來探討哪些數字屬於需要排除的離群值**。」聽到盒鬚圖這個不熟悉的詞彙，慶太有些疑惑。老師摸著鬍子說：「那麼，就來實際看看盒鬚圖長什麼樣子吧。」

辨別出離群值的盒鬚圖

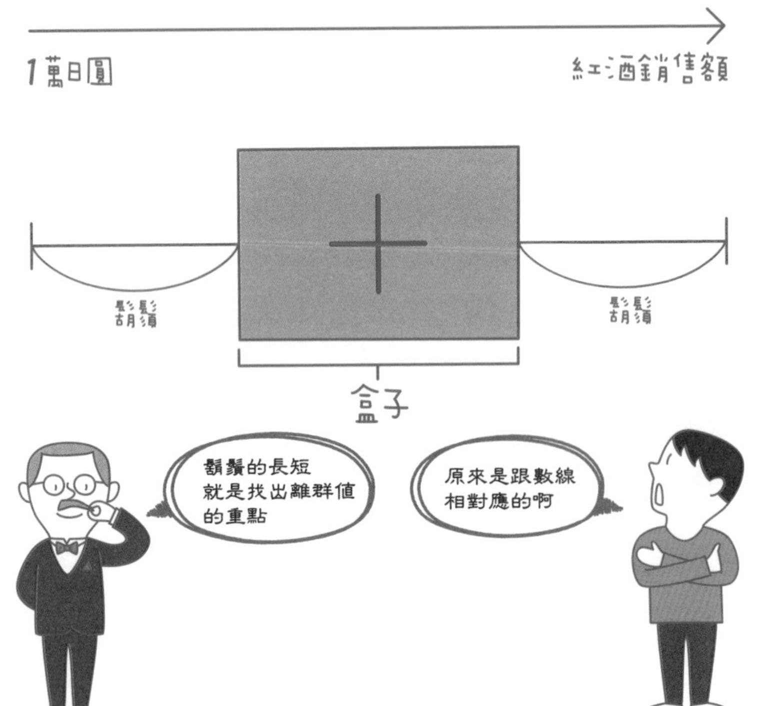

「看起來就像一張長了鬍鬚的國字臉呢。」慶太說。老師告訴他：「詳細的部分留到後面說明，不過要先知道**四角形的部分跟鬍鬚的部分是分別對應到直方圖不同部分的。而且透過分析鬍鬚部分的長度，就能判別出一項數值是否是離群值了**。如果學會自製盒鬚圖，就可以進行準確度更高的分析。」

鬍鬚的長度是關鍵

判斷一項數值是否為極端數值十分不容易。上圖右邊的兩間店鋪資料是否屬於離群值，要將盒鬚圖的「鬍鬚部分長度」跟「箱子部分長度」比較之後才能確定。

我想畫出盒鬚圖①

找出離群值時，「盒鬚圖」非常好用。
現在我們來學習繪製盒鬚圖到底需要哪些要素。

「**盒鬚圖就是用『鬍鬚跟盒子』將資料分成4個部分**。鬍鬚兩端為『①最小值』與『⑤最大值』。盒子部分則以『②第1四分位數』『③中位數』『④第3四分位數』等3項指標區分。**這些指標將資料劃分成4份各25%的區塊，能以視覺判讀資料是怎麼分配的**。順帶一提，盒子裡面長得像嘴巴的那個十字，代表的是平均數。」老師如此解釋。

紅酒B在各店鋪的銷售額　2、3、3、4、4、5、7、7、7、8萬日圓

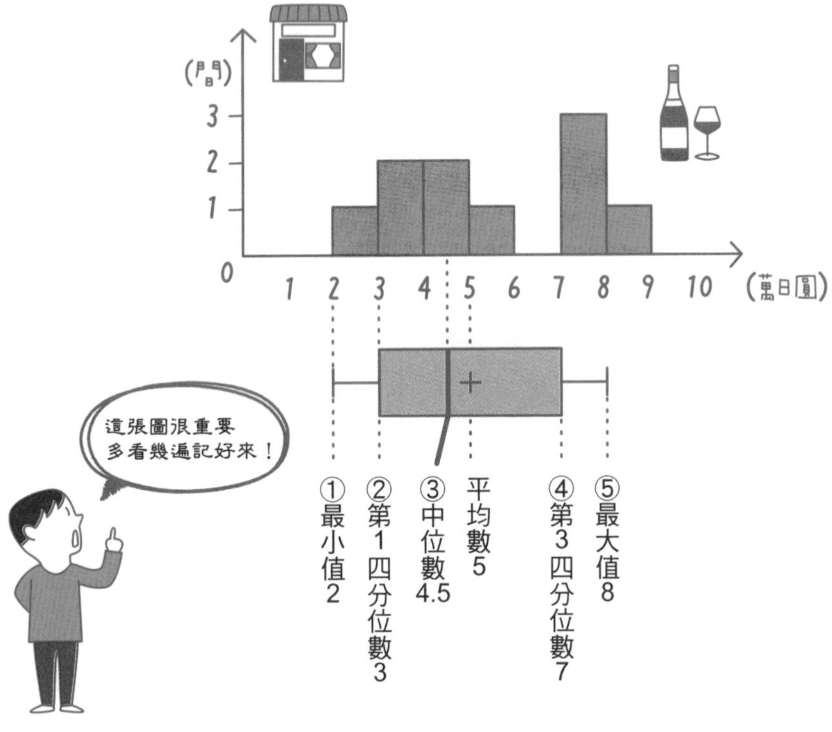

(門)
3
2
1
0
1 2 3 4 5 6 7 8 9 10 (萬日圓)

這張圖很重要
多看幾遍記好來！

①最小值2
②第1四分位數3
③中位數4.5
平均數5
④第3四分位數7
⑤最大值8

「資料筆數和鬍鬚以及盒子的位置是相互對應的！」慶太聽明白了。老師說：「如果數值中包含離群值，那麼鬍鬚就會變得很長。一般來說，**如果鬍鬚的長度是盒子長度的1.5倍，那麼其最大值（和最小值）就視為離群值**。繪製盒鬚圖時，以5個點（數值）分析資料的行為稱作**五數綜合**，而下一頁我們會解釋五數綜合的作法和盒鬚圖的畫法。」

鬍鬚的兩端為①最小值和⑤最大值

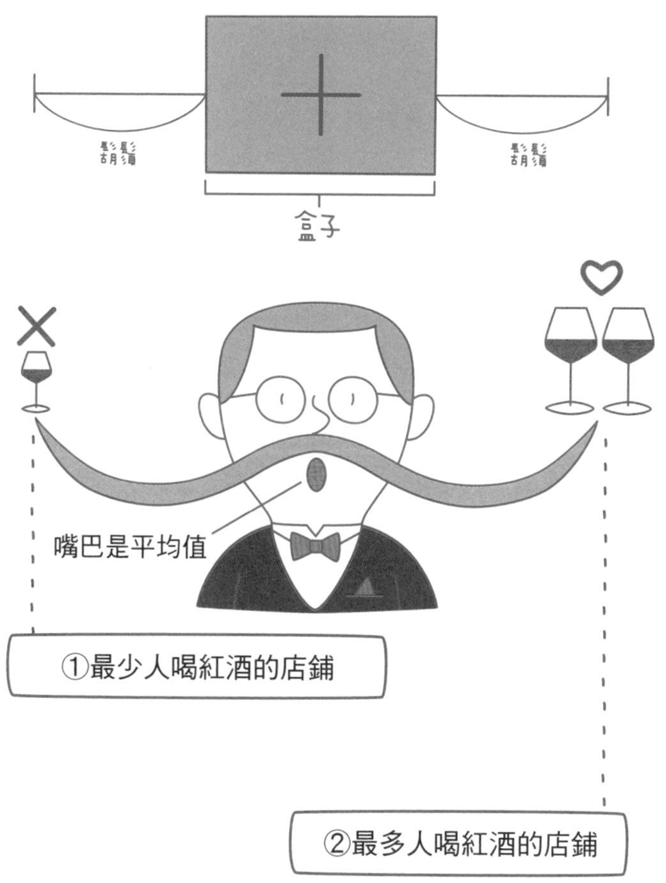

05 盒鬚圖

盒鬚圖的鬍鬚兩端，表示的是數據排在數線上時的最小值和最大值。十字（嘴巴）的部分則是資料整體的平均值。

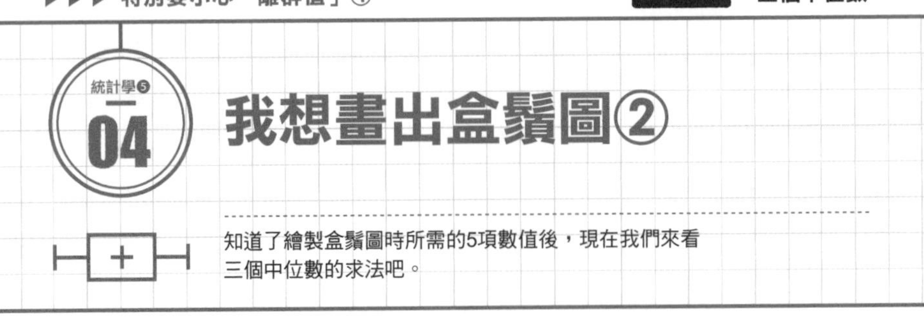

統計學⑤ 04

我想畫出盒鬚圖②

知道了繪製盒鬚圖時所需的5項數值後，現在我們來看三個中位數的求法吧。

慶太說：「我看不太懂圖的盒子部分是什麼意思。」老師說：「盒子正中間的線，也就是中位數的求法已經在52頁解釋過了。至於盒子兩側的第1四分位數和第3四分位數的求法，則是以中位數為準將整體資料分成兩部分，再分別求出前半跟後半資料的中位數即可。」慶太聽了後明白：「**透過求三次中位數，可以把資料區分成各25%就對了**。」

把資料分成每一塊25%

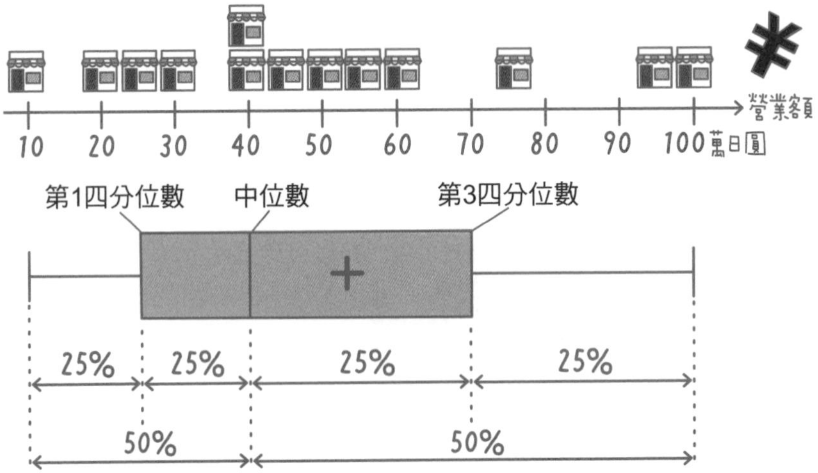

營業額

10 20 30 40 50 60 70 80 90 100萬日圓

第1四分位數　中位數　第3四分位數

25%　25%　25%　25%

50%　50%

原來三個中位數
可以把資料均分呀！

老師接著他的話說下去：「下面是資料筆數為奇數時和偶數時的實際範例，**奇數的情況就如下圖所見，位於正中央的數值就是中位數，很好找對不對**？但偶數的情況並沒有位於正中間的數值，所以要計算中間2個數字的平均。資料量龐大的情況也能用Excel來找出這**3個中位數**，記得多加利用。」

奇數和偶數狀況下3個中位數的求法

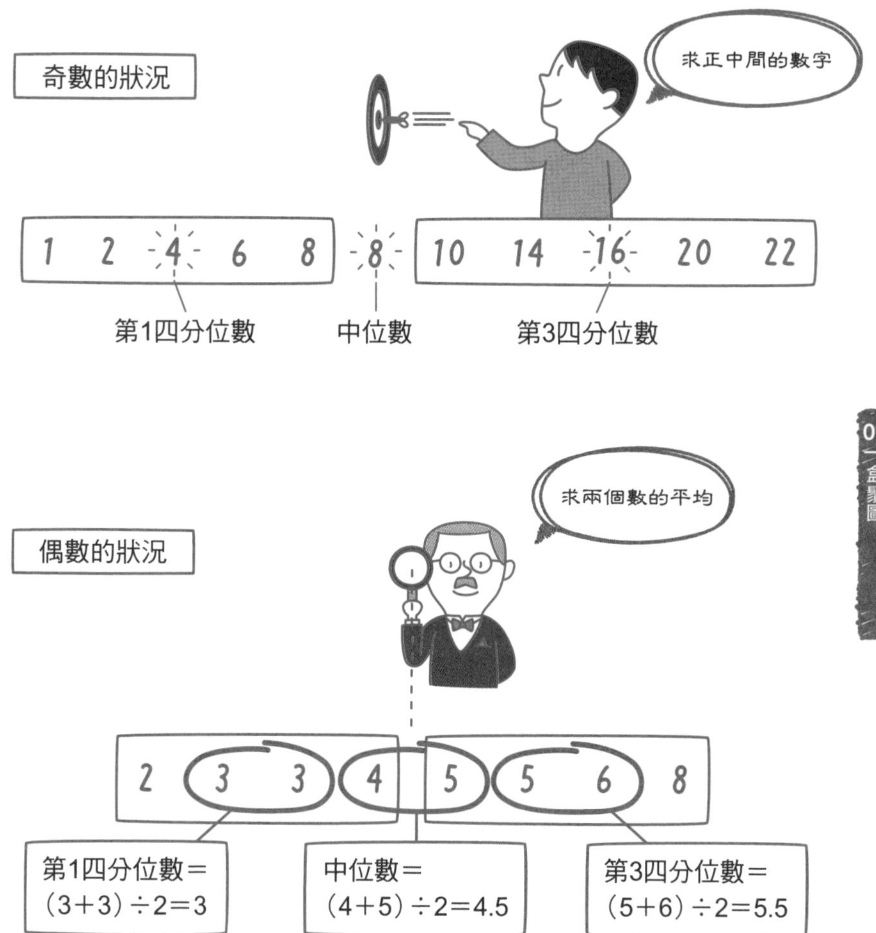

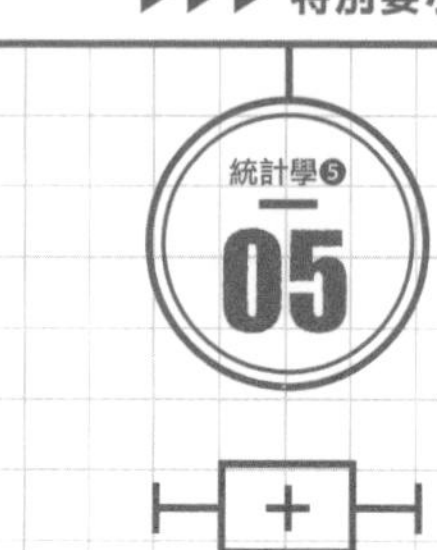

我想活用盒鬚圖

要找出離群值，鬍鬚的長度是關鍵。
那麼，要怎麼樣才能求出鬍鬚適當的長度呢？

慶太已經學會怎麼根據3個中位數來繪製盒鬚圖，接下來終於要使用盒鬚圖來消除離群值了。「**鬍鬚的長度基準為盒子兩端之間長度的1.5倍，如果超過這個範圍的數值就是離群值**。」看看下面的圖表，盒子的長度是41－18＝23，容許的數值範圍到這個數字的1.5倍為止，所以41＋23×1.5＝75.5，鬍鬚長度可以調整到75.5處。「這下子位在鬍鬚外頭的數值就是離群值了！」

求鬍鬚長度上限

最小值＝5、第1四分位數＝18、中位數＝30
第3四分位數＝41、最大值＝100的情況下

0 10 20 30 40 50 60 70 80 90 100
(日圓)

比較這邊的長度

修剪鬍鬚！

老師對學會怎麼求離群值的慶太說：「**盒子兩端之間的區間在統計學上稱作四分位距**。這個範圍內的數值是由不受極端數值影響的中位數求出來的，所以不論有沒有離群值，其數值都有效。另外，盒子兩端1.5倍只是一個參考基準，視情況可能2倍甚至2.5倍都在容許範圍之內。」慶太聽了之後點點頭。

①求四分位距的長度

（第3四分位數）－（第1四分位數）
＝41－18
＝23

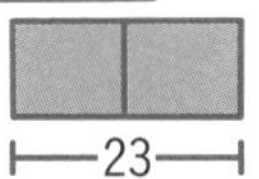

②四分位距×1.5設定上限

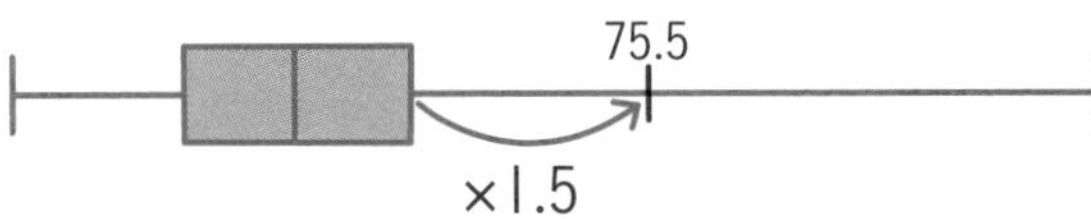

四分位距的1.5倍
＝第3四分位數＋（四分位距×1.5）
＝41＋（23×1.5）
＝75.5

③去掉超過上限的資料

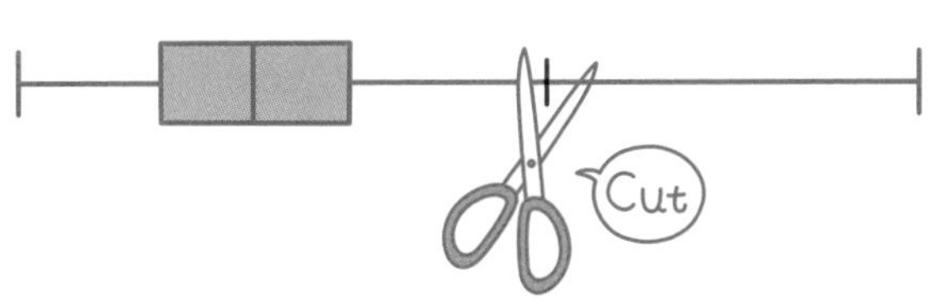

05 盒鬚圖

在數線下方擺一張盒鬚圖，就能求得各處的長度。
去掉離群值時，小心不要計算錯誤了。

我想使用圖表讓大家一看就有感覺

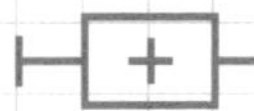

煩惱什麼樣的資料，要怎麼樣分析，轉換成怎麼樣的圖表才好時，先記住使用的圖表要配合表達的目的。

「在這邊插入圖表的話，會不會比較好懂呢？」慶太正在整理會上要報告的資料，這時老師走了過來，建議他一些**有效使用圖表的方法**：「你現在打算使用哪一種圖表呢？圖表有分圓餅圖、直條圖、折線圖等許多不同的種類，**掌握那些圖表的特徵，就能更有效傳達想法**。」

五花八門的圖表種類

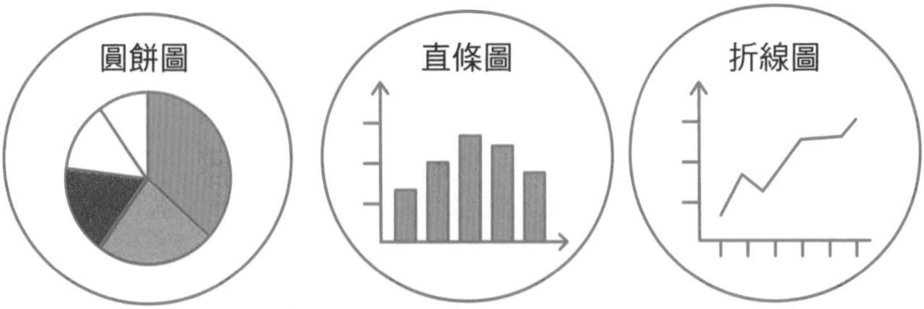

圓餅圖

直條圖

折線圖

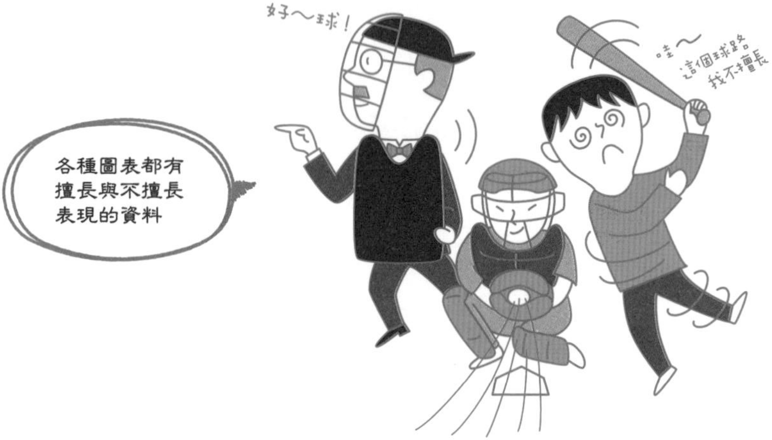

好～球！

哇～這個球路我不擅長

各種圖表都有擅長與不擅長表現的資料

「店鋪的營業額、業務部的業績達成率、客戶的滿意度調查問卷等等，既然蒐集了資料，一定是有想要知道的資訊，比方說想跟其他店鋪以及業務員比較、或比較每項回答的比例等。好好想清楚，要怎麼樣把重要的資訊傳達給對方。替這些資料**加上適當的圖表，更能顯示出資料的性質和傾向**。」慶太學到選擇適當圖表的重要性了。

思考看資料的人想要知道的資訊

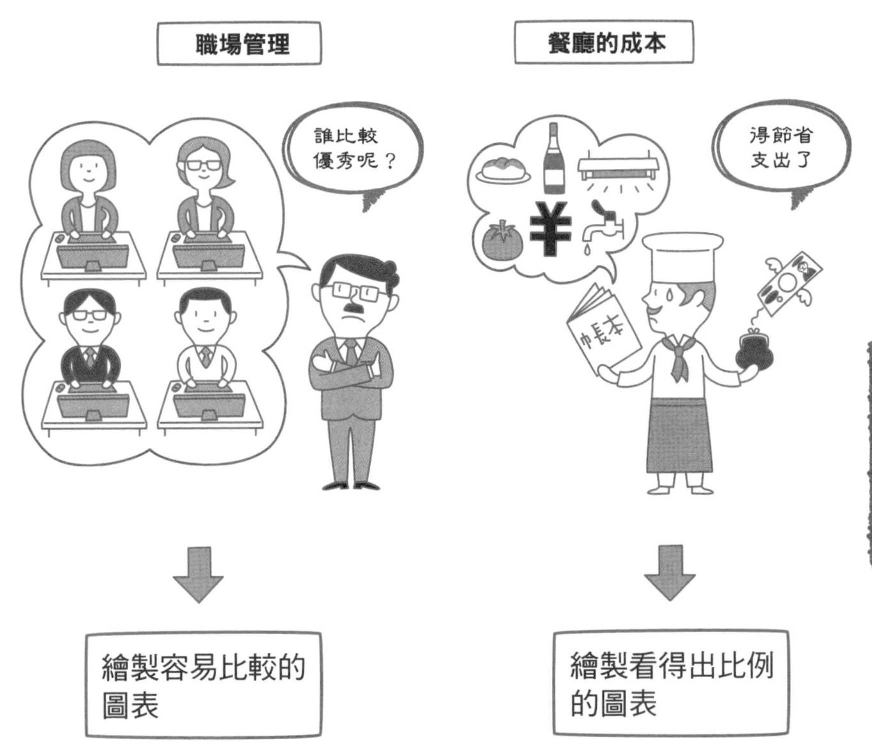

使用圖表有時候是為了讓自己掌握狀況，有些時候是為了讓對方更容易了解提案內容。有傳達對象時，思考對方想要知道什麼樣的資訊再製作圖表是很重要的。

我想用圖表強調出重要性

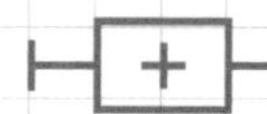

重要性透過「比例」來傳達的話可以加強看的人的印象。
該使用怎麼樣的圖表來表現，會依據資料種類有所變化。

慶太想要簡單表達顧客問卷中出現許多「服務態度不佳」的結果，可是他不知道哪種圖表效果比較好，於是求助老師。老師告訴他：「用表現比例的圖表比較適合。**比起單純展示票數，表現比例的圖表更能讓人體認到事情的輕重**。如果是熟悉的圓餅圖，看的人也很好理解。」

表達重要性的圖表

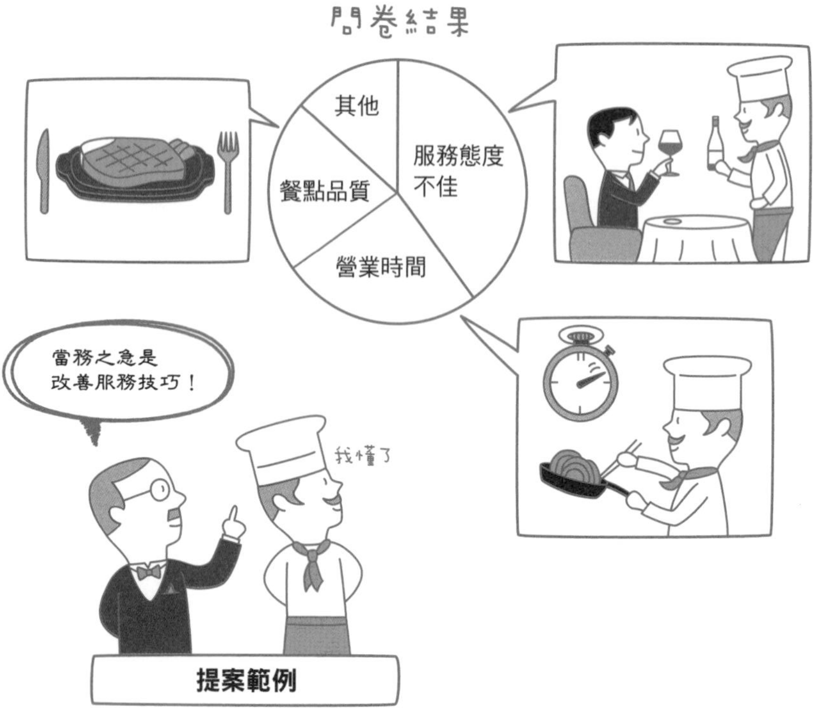

問卷結果

其他
服務態度不佳
餐點品質
營業時間

當務之急是改善服務技巧！

我懂了

提案範例

「我想強調營業額較低且佔全體比例多的店鋪需要改善經營狀況，但是不知道怎麼用圓餅圖來劃分。」慶太問。老師建議他：「這種時候用前面說明過的直方圖比較適合。直方圖可以**將連續的數據以一定區間分組來表現比例，可以知道營業額多少的店有幾間**。這麼一來就能一眼看清楚營業額較低的店鋪改善的必要性。」

連續資料的重要性

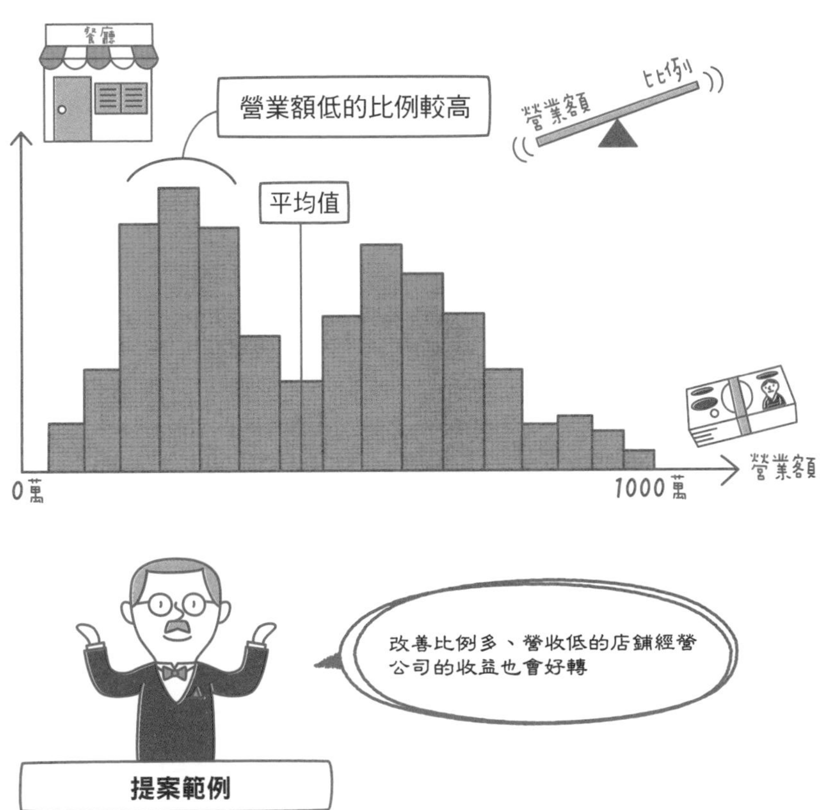

如果是連續資料，重要的是讓多量區（Volume Zone，全體資料中佔了一大比例的部分）一目瞭然。使用直條圖比用圓餅圖更能清楚表現資料的連續性。

我想用比較的方式掌握資料特徵

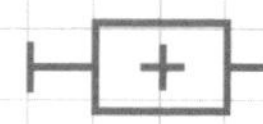

也有些圖表適合表現複數資料的分析結果。
接下來就要學學綜觀複數結果到底有什麼優點。

「**適合用來比較**各店鋪月營業額變化**的圖表**是哪種呢？」慶太問。老師細心建議：「可以使用折線圖。**折線圖是在橫軸輸入月份等時間單位，縱軸輸入營業額等數據的圖表**，可以同時放上複數筆資料。線重疊的話會導致辨別困難，所以要細心一點，每條線可以使用不同顏色或是採虛線方式區別。」

有時間變化的圖表

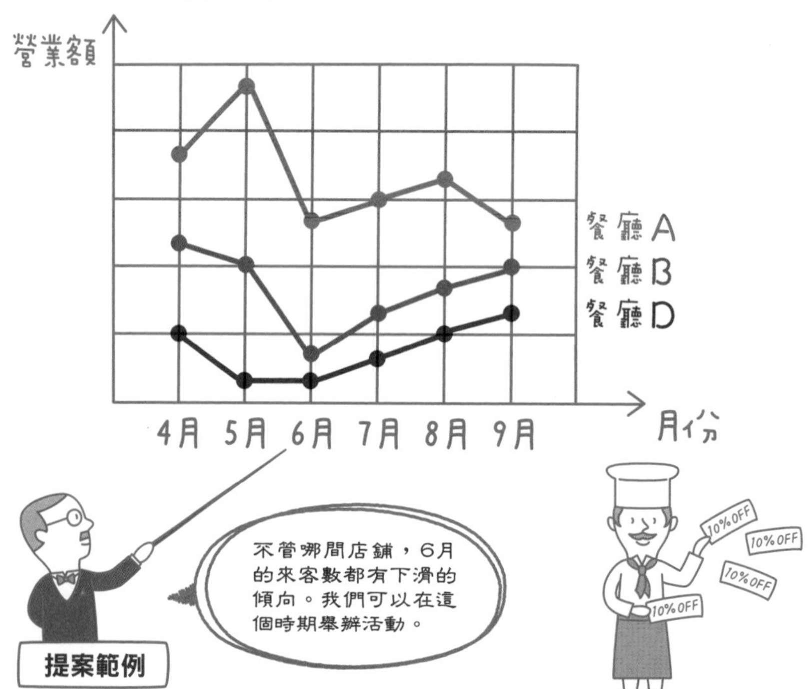

「我想比較各店鋪的成本，並打算提議減少撥給各店的經費，要怎麼辦呢？」慶太問。老師回答：「**複數資料的組成比例，用百分比堆疊橫條圖整理效果奇佳**。各店的成本狀況如何、和其他店比起來是多是少都一目瞭然。這時再將所有資料依項目別排序就很容易比較，看起來也很明瞭。」

比較比例差異的圖表

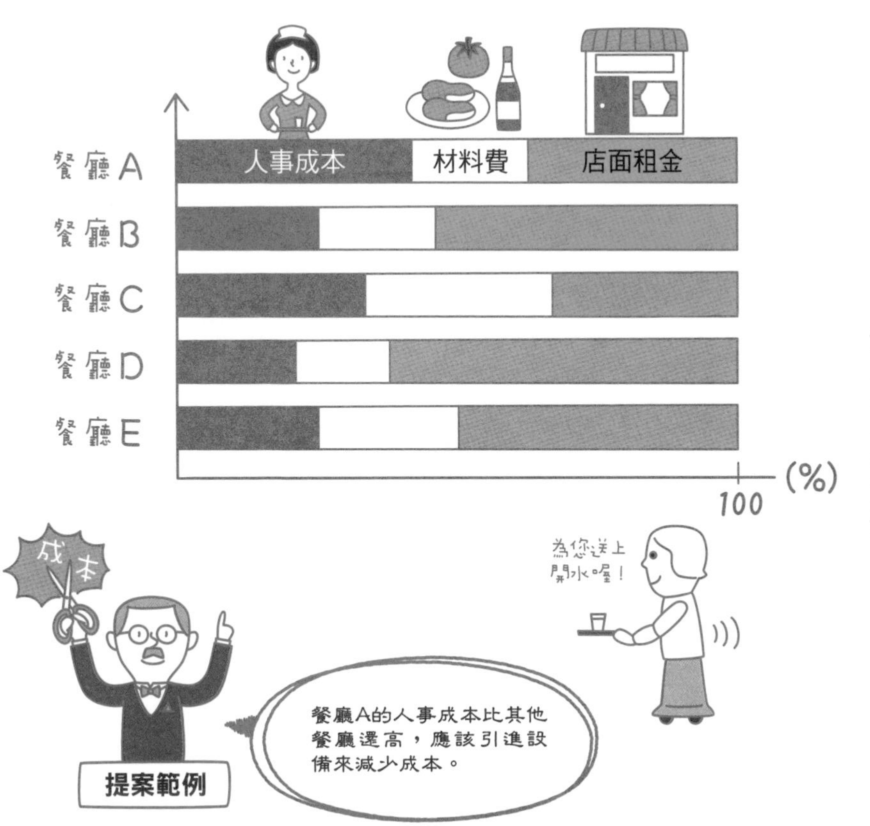

05 盒鬚圖

我想用一張圖表來表現多種要素

組合不同圖表，可以傳遞更多資訊。
該注意哪些地方才能讓效果更顯著呢？

「熱天時啤酒有賣得比較好的傾向。」慶太從經驗判斷出這項結果。由於今年預估會熱得要命，他打算跟公司提案舉辦啤酒節活動。老師聽了慶太的話，建議他：「**把兩種資料統整在同一張圖表裡比較容易看出關聯性**。」然而就算把橫軸的單位統一為月份，縱軸的氣溫和營業額卻是完全不同的數值，令慶太非常煩惱。

想讓兩份資料表達的效果更好

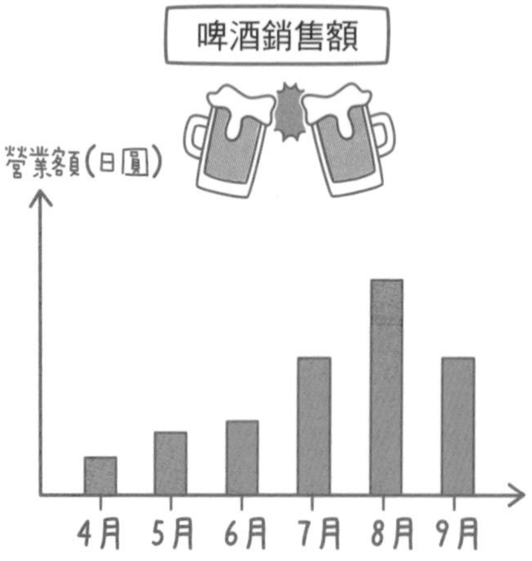

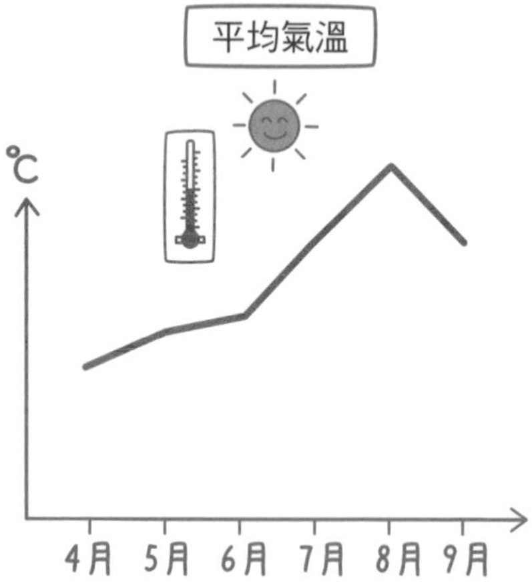

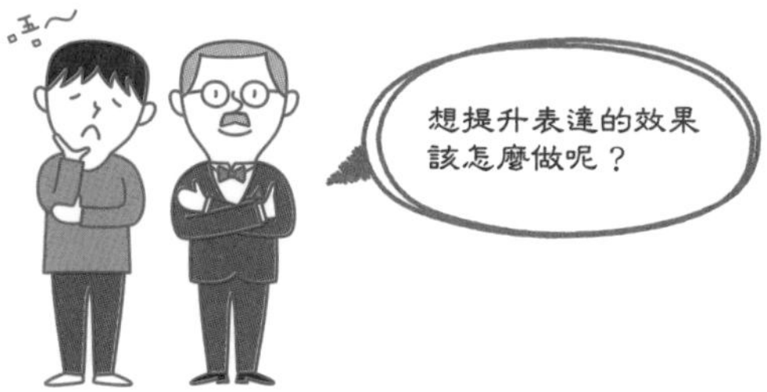

啤酒銷售額

營業額（日圓）

4月 5月 6月 7月 8月 9月

平均氣溫

℃

4月 5月 6月 7月 8月 9月

唔～

想提升表達的效果
該怎麼做呢？

老師建議慶太：「這種時候有一個殺手鐧。就是右邊縱軸輸入平均氣溫、左邊縱軸輸入營業額。然後**用直條圖表現營業額、用折線圖表現平均氣溫，就更容易意識到兩者之間的關係**。」慶太佩服地說：「**組合不同的圖表**，並且清楚標示對應的指標，就能夠把2種圖表整理成1張呢。」

試試看把資料統整成一份

05 盒鬚圖

NO.

Date

column 05

打下壽險基礎的哈雷

哈雷彗星的發現者對統計學也做出了莫大貢獻

17世紀，學者約翰·格蘭特於英國研究人口，他推測人口統計學中潛藏一種規律。而哈雷承襲他的想法，對人類死亡年齡進行統計學解析，找出當時人們以為純屬偶然的「人類死亡」其實有一定的規律，並成功計算出各年齡的「死亡率」這項和人口構成息息相關的數值，壽險公司可以根據這項研究算出符合簽約者年齡的合理保費。在這層意義上，可以說哈雷打下了壽險的基礎。除此之外，哈雷在天文學上也有許多重大成就，如發現了以他命名的「哈雷彗星」。

Chapter

06

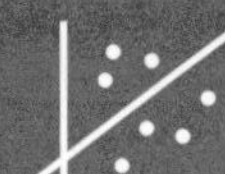

透過相關係數 分析資料間的關係

慶太好不容易上到統計學最具代表的一門課——相關分析。「要做什麼才能提升店鋪營業額？」他幹勁十足地學習可以分析影響營業額提升之原因的方法。

統計學❻

01

我想探討房屋租金和地點的關係

前面我們已經學到怎麼分析營業額和店鋪數等單一資料的方法，但在分析兩筆以上資料時，統計學才能展現出真正的價值。

慶太正在尋找新店鋪的店面。在看了許多店面後，他發現離車站越近的地點租金也越高。他跟老師討論這件事，得到的回覆是：「**分析兩份資料之間的關係就是統計學的拿手絕活**。」老師繼續說：「之前我們都是探討營業額這種單一資料的平均和離散程度，現在則是分析兩份資料，也就是探討**多變量**。」

探討租金和地點之間的關係

第6章要學的

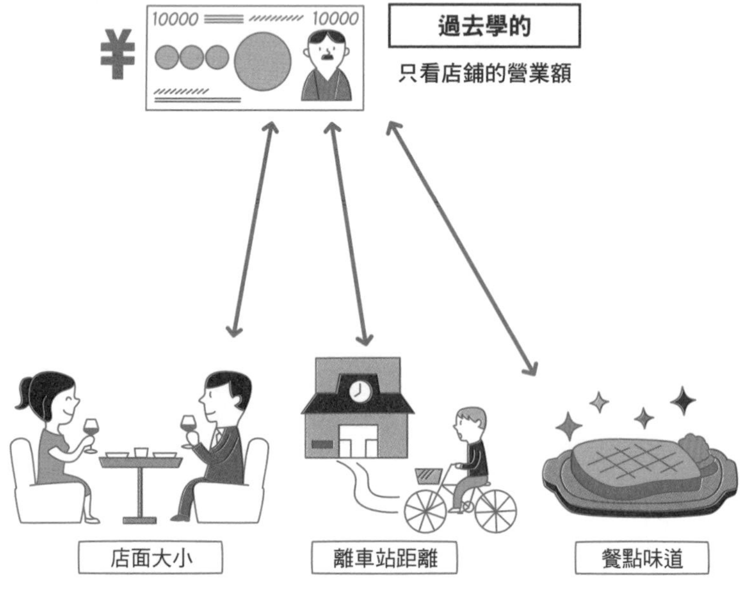

分析營業額和其他要素之間的關係！

「分析多變量跟分析單一資料有什麼不一樣？」慶太問。老師回答：「可以分析資料跟資料間是否相關，如地點和店鋪營業額之間的關係、年齡和記憶力之間的關係等。**相關的意思就是一方的數值變化時，另一方數值也會產生變化的關係性**。世上互有相關的事物不勝枚舉，所以熟悉這項技巧對於工作和生活將大大派上用場。」

存在於各處的相關性

夏天越熱 → 啤酒賣得越好

越認真讀書 → 成績越好

弄清相關性有助於營業策略規劃

做生意時，搞清楚資料間的相關性十分重要。只要改善跟營業額有關的項目，就能期待收益獲得改善。

統計學⑥ 02

我想分析 車站遠近和租金的關係

店面租金和從車站到店裡的所需時間（位置條件）之間存在關聯性。
我們要觀察散佈圖來辨別出是「正相關」還是「負相關」。

老師說：「先來分析看看租金跟從車站到店裡所需時間的關係。要找關聯性，最好的方式就是做成圖。**取兩變量作為縱軸和橫軸，繪製成下面這種樣子的圖稱作『散佈圖』**。」慶太說：「轉換成散佈圖後，就能看出離車站越遠，租金越便宜呢。」老師說：「這就代表從車站所需抵達時間和租金之間有關聯性，統計學上則說能看出兩者之間可能有**相關**。」

掌握關聯性的散佈圖

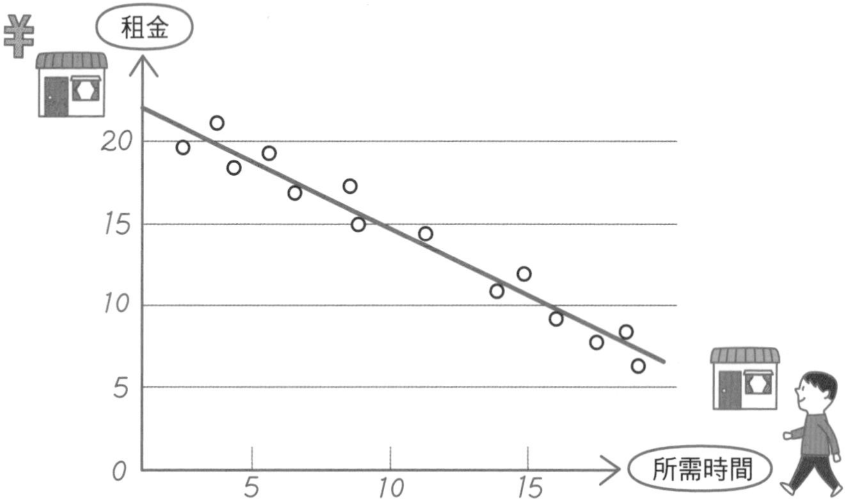

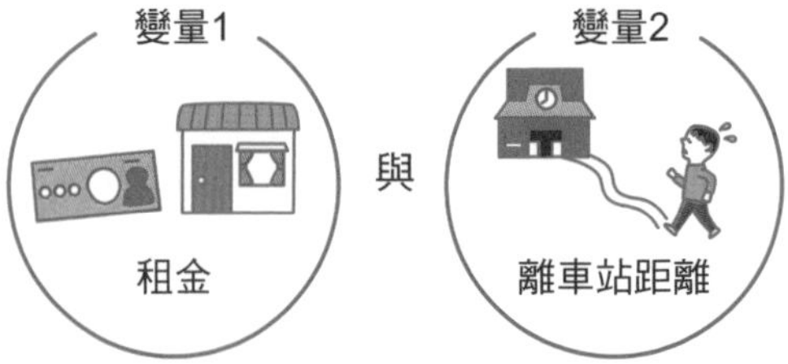

「當一方數值增加，另一方也有增加的傾向，我們會說這兩份資料有『正相關』。但一方增加、另一方卻減少的狀況則稱為有『負相關』。」慶太聽了提出疑問：「那麼看起來好像有相關的話，可以靠感覺直接判斷嗎？」老師稱讚他：「你注意了到一個重點。」並繼續說：「有一種工具叫做相關係數，用這項工具就可以客觀判斷到底有沒有相關。」

正相關與負相關

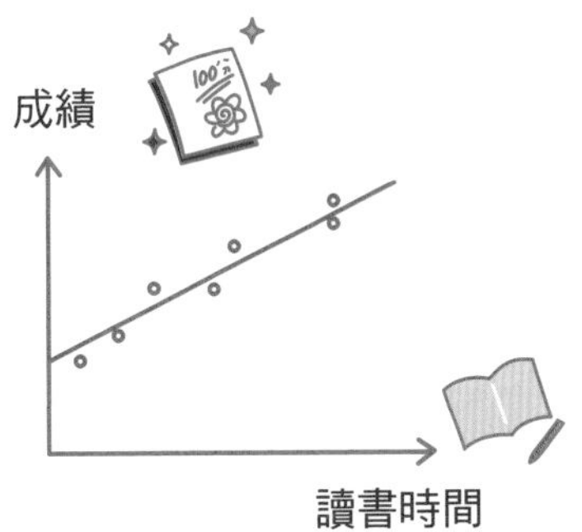

正相關

一方增加，另一方也增加的情況就是正相關。圖表會呈現往右斜升的直線。

書讀越多成績越好

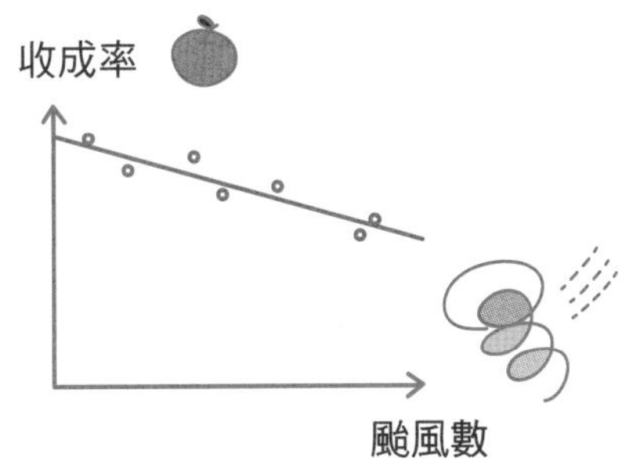

負相關

一方增加、另一方卻下降的情況就是負相關。圖表會呈現往右斜降的直線。

碰上颱風收成率便會下降

我想探討資料間有沒有相關性①

表現相關是「正」是「負」等特徵的指標為「相關係數」。
這項數值可以判斷出許多資訊。

老師說：「算法待會再解釋，先來看看**相關係數**的使用方法吧。**相關係數是以如『租金』和『離車站距離』兩項變量所推算出的數值**。假設相關係數為r，r的特徵是數值會介於－1到1之間。」慶太問：「r的大小什麼意義呢？」老師回答：「如果數值為正就是正相關，數值為負就是負相關。」

確認相關性的方法

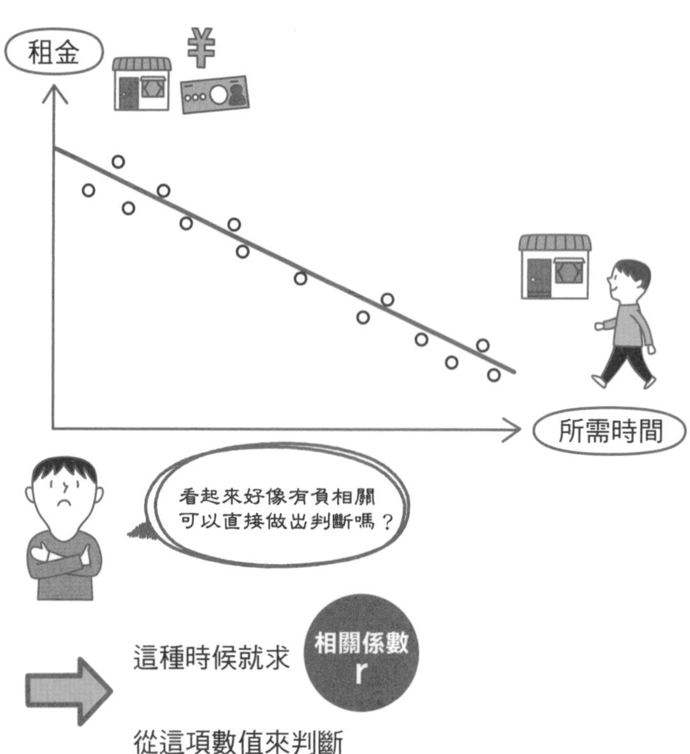

老師還說：「**相關係數r如果離0越近，越能表示兩項資料之間不存在相關性**。」慶太問：「有辦法透過相關係數判斷一邊的數值變化時，另一邊會產生多少變化嗎？」老師回答：「很遺憾，我們無法用相關係數進行精密的計算。這個數值只是製作兩變量的散佈圖時用來表現兩者有沒有線性關係而已。」

相關係數的數值表現的東西

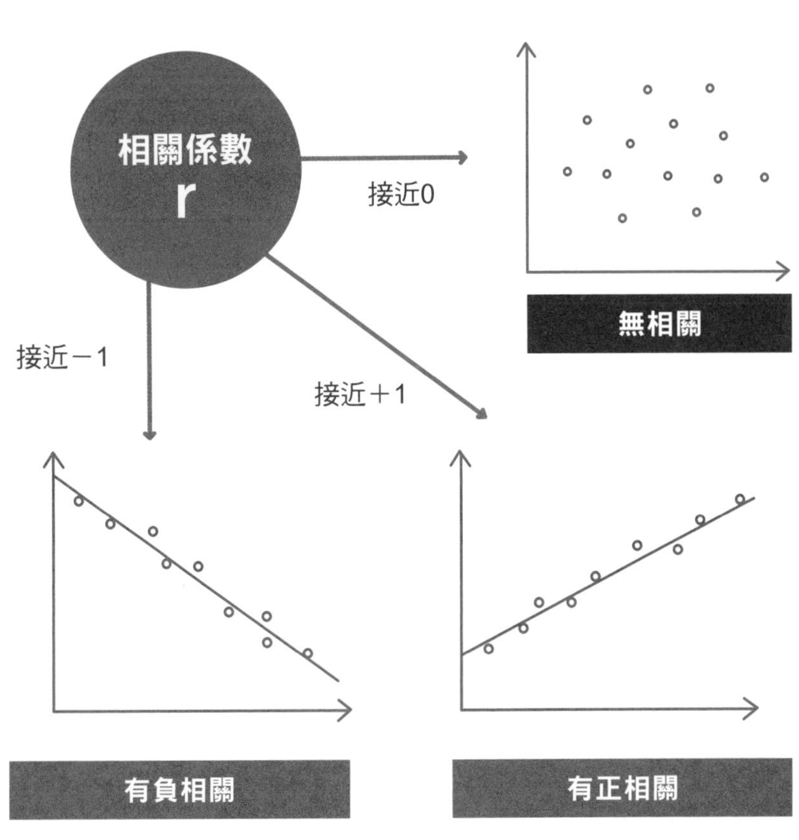

我想探討資料間有沒有相關性②

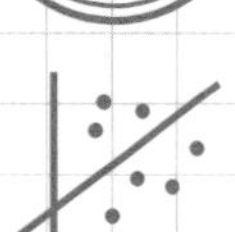

決定相關係數是「正」是「負」的東西是「共變異數」。
計算相關係數時，會使用「共變異數」當分子。

「好，我們已經知道相關係數是一項有用的工具了，接下來就實際來算看看相關係數吧。」老師在黑板上寫下相關係數r的公式。慶太盯著黑板，看得一頭霧水。「**相關係數r＝（X與Y的共變異數）／（X的標準差）×（Y的標準差）**……。雖然學習過標準差，但共變異數還是第一次聽到呢。」

相關係數的公式與學習順序

公式

$$相關係數＝\frac{X與Y的共變異數}{（X的標準差）×（Y的標準差）}$$

X＝租金　　　Y＝離車站的距離

順序

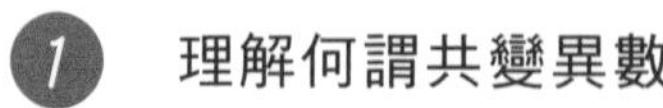

① 理解何謂共變異數

② 理解共變異數的算法

③ 解讀相關係數的意義

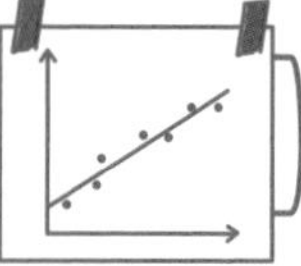

老師說：「其實共變異數才是決定相關係數正負的重要數值。由於標準差絕對是正數，因此相關係數的正負＝共變異數的正負。」慶太接著問：「那麼共變異數要怎麼計算呢？」老師在黑板上寫下答案：「**（X與Y的共變異數）＝（X與Y的離均差交乘積和）÷資料筆數**。」

了解共變異數

特徵①　從離均差交乘積和來求

$$X與Y的共變異數=\frac{X與Y的離均差交乘積和}{資料筆數}$$

又是陌生的詞彙……

特徵②　決定相關係數的正負

分母為正數，所以共變異數的正負＝相關係數的正負

$$相關係數=\frac{X與Y的共變異數}{（X的標準差）\times（Y的標準差）}$$

我想探討資料間有沒有相關性③

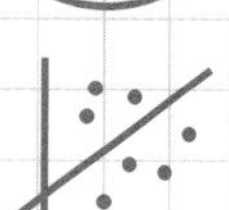

決定相關之正負的共變異數可以從離均差交乘積和來求出。
充分理解這個詞彙的意思後，接下來要牢牢記住怎麼計算。

慶太說：「才出現共變異數這個沒聽過的詞，現在又冒出一個新的**離均差交乘積和**，搞得我好亂啊！」「可是離均差這個詞應該不陌生吧？」老師這麼一問，慶太就說：「**我記得是各筆數據跟平均數之間的差**。」老師繼續說：「沒錯。然後**積和的意思是『相乘後加總』。也就是說X的離均差和Y的離均差相乘後，再將所有數值加起來的意思**。」

理解共變異數的算法

X和Y的離均差交乘積和

＝（店面A的租金－平均租金）
×（店面A離車站的距離－平均離車站距離）
＋…（店面B的…

上面的數值除以店面數就等於共變異數

「我們來看看具體的數字。假設X為租金、Y為離車站的距離，再假設慶太同學調查的店面平均租金為20萬日圓、從車站到店平均步行時間10分鐘好了。店面A的租金為15萬日圓、離車站距離為15分鐘的話，X的離均差為15－20＝－5、Y的離均差則是15－10＝5，離均差的乘積就等於－25。依此類推**把全部店面的X與Y的離均差乘積加總起來，再除以資料筆數就能夠算出共變異數**。」

離均差交乘積和的符號意義

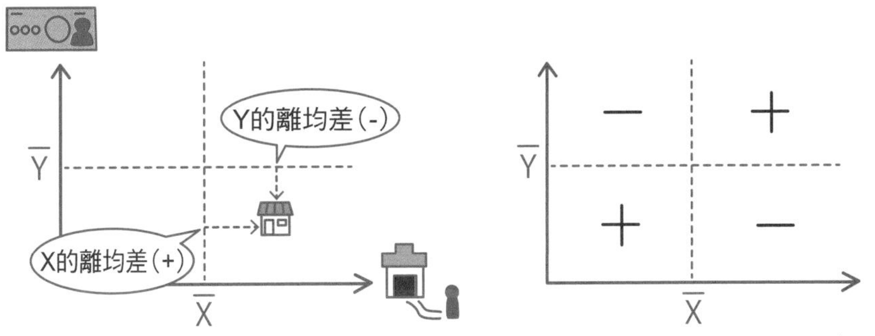

X與Y離均差乘積的符號就如上方右圖所示，各點如果分佈在＋的區塊較多，相關係數值也會是正數，在－的區塊較多的話相關係數值也會是負數。

統計學6

06

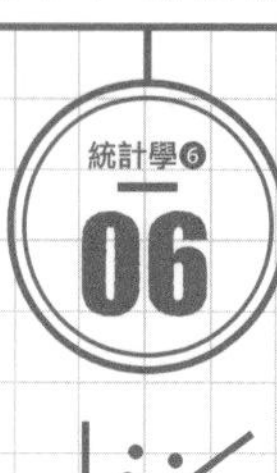

我想探討相關性的強弱

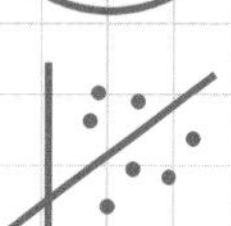

相關係數是可以判讀出兩變數之間相關性的數值。
如果可以正確判讀數值代表的意義，就能活用在分析資料上。

「計算雖然繁複，但總算是學會怎麼計算相關係數了。」慶太說到。老師開口：「既然都學會計算方式了，那麼就要縝密確認那些數值代表什麼意義。」接著說：「算出來的數值會介於－1～1。慶太同學算出來的數值是多少呢？如果相關係數為正數就代表有正相關，負數則代表有負相關。」

相關係數表示的東西

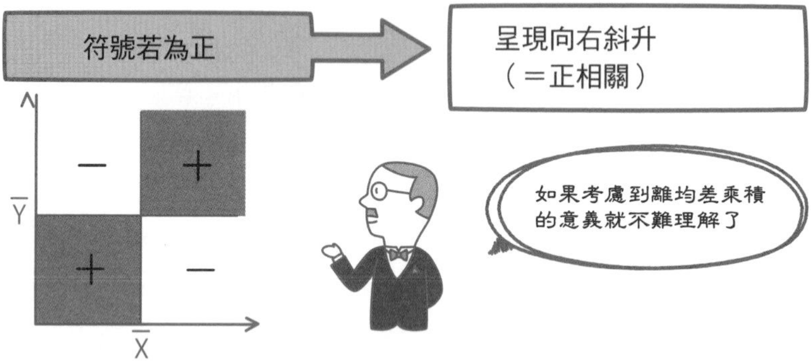

符號若為正
呈現向右斜升
（＝正相關）
－
＋
＋
－
Y
X
如果考慮到離均差乘積
的意義就不難理解了

符號若為負
呈現向右斜降
＝負相關
－
＋
＋
－
Y
X
原來可以看出
大致的傾斜方向啊

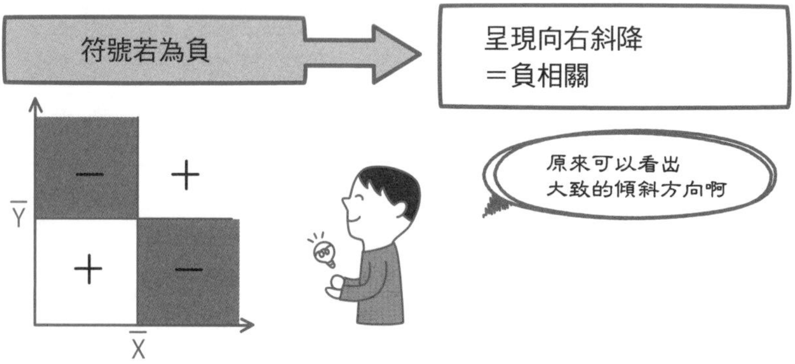

慶太回答：「是－0.7。也就是說從車站到店裡的步行時間（X）越大、租金（Y）就會有越小的趨勢。」老師說：「說對了！**由於這項數字接近－1，代表它有很強的相關**。千辛萬苦算出來的**相關係數大小**，其實也可以用Excel簡單求得。然而知道相關係數是怎麼計算的，對於理解數值的涵義上也很重要。」

相關係數大小所表示的事情

r越接近1

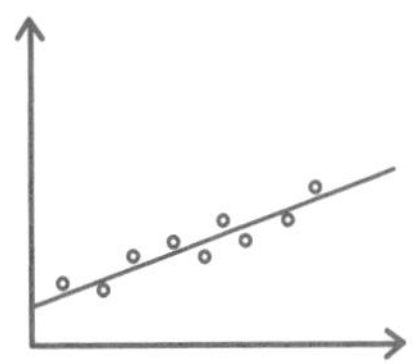

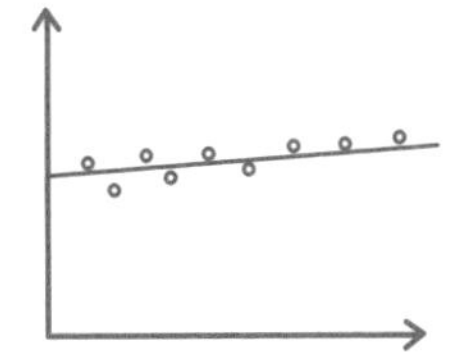

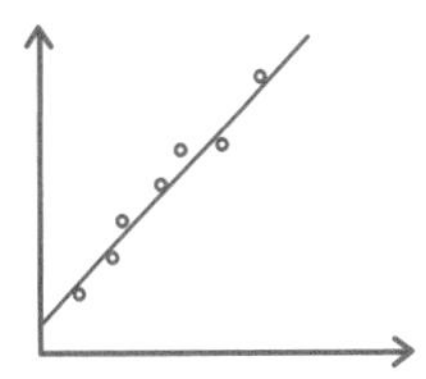

不管直線傾斜程度如何，都會呈現左低右高的形式。

r越接近-1

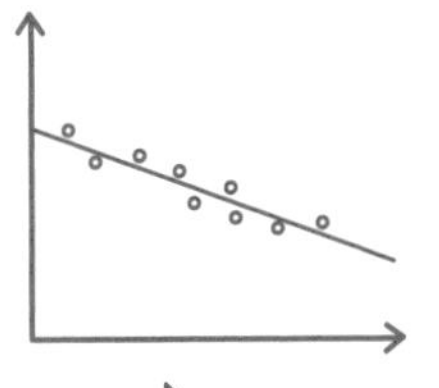

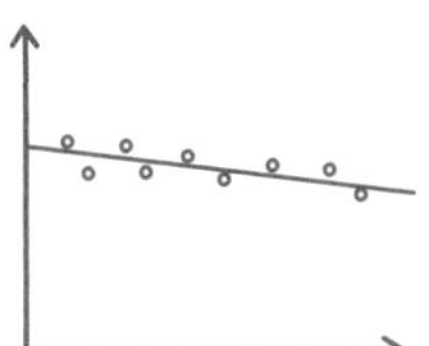

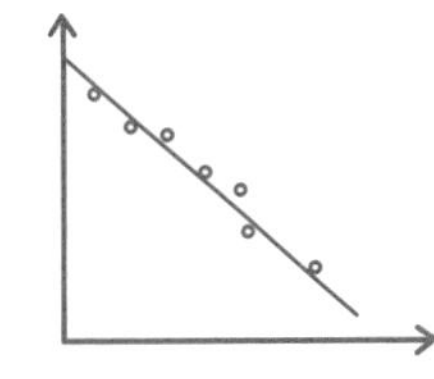

不管直線傾斜程度如何，都會呈現右低左高的形式。

原來跟傾斜程度沒有關係

相關係數一定會在－1≦r≦1的這個範圍

我想排除離群值，精準探討相關性

相關係數也會受到極端大的「離群值」影響，
如果漏看「離群值」，對資料的判斷可會大錯特錯，所以務必要注意。

「相關係數也有需要注意的地方。」老師說。慶太問：「什麼地方？」老師告訴他：「記得我說過平均值容易受極端大的數值影響吧？而散佈圖上，平均值跟資料全體的位置關係會決定相關是正是負。換句話說，**相關係數同樣會受到極端大的數值影響**。這個極端大的數值也稱作『離群值』。」

真的是正相關嗎？

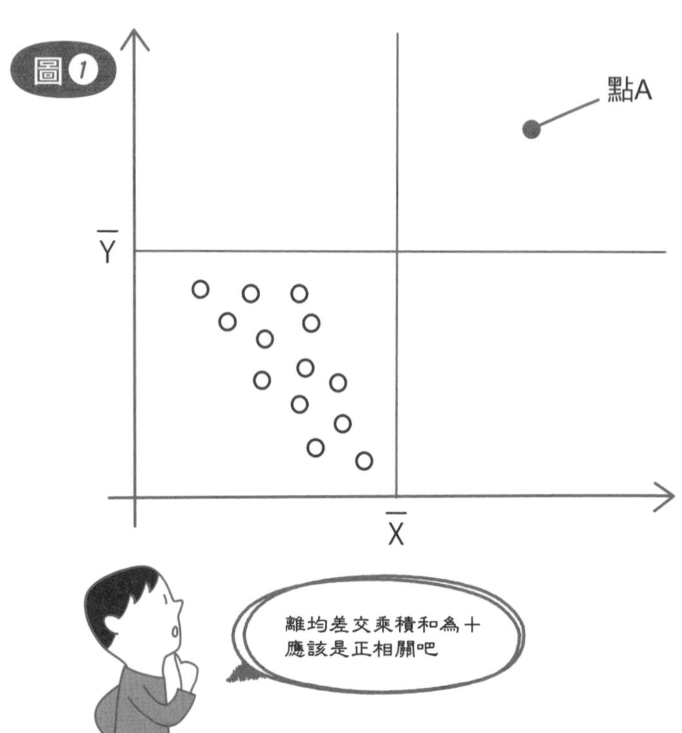

「比方說圖①的情況，視覺上資料分佈於右上（點A）和左下，讓人感覺有正相關。但是剔除A後……」老師說著說著把點A遮起來，慶太看了嚇一跳。「這樣就看出整體資料有負相關了。」老師繼續說：「這個A就是離群值。**如果有特別大的數值，那個數值是不是離群值將會大大左右我們對資料的解釋**。」

離群值會改變相關的正負

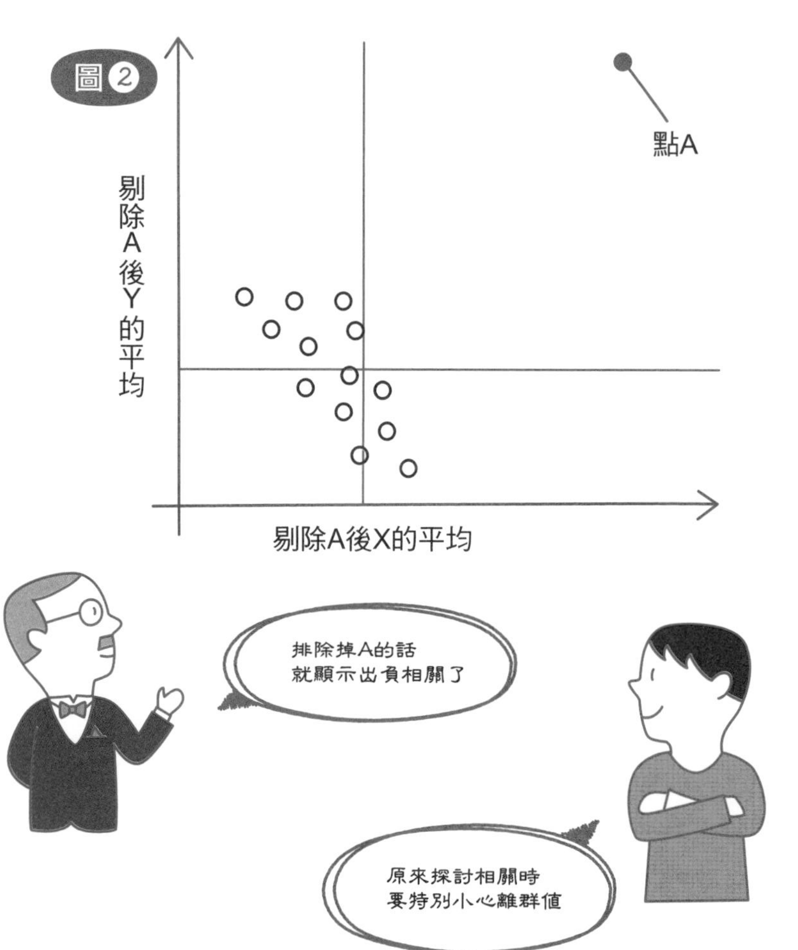

06 相關分析

統計學❻ 08

我想利用盒鬚圖剔除離群值

要判斷特別大的數值是否為「離群值」，
會使用「盒鬚圖」的鬍鬚長度來當作參考基準。

慶太問老師：「怎麼樣才能避免被離群值欺騙呢？」老師回答：「有些數值看起來雖然很像離群值，但也可能只是剛好比較大而已。**要判斷特別突出的數值是否為離群值，用第5章學的盒鬚圖來當作參考基準也是一種方法**。」而慶太問：「**相關與盒鬚圖**……要怎麼樣判斷呢？」

找出離群值的方法

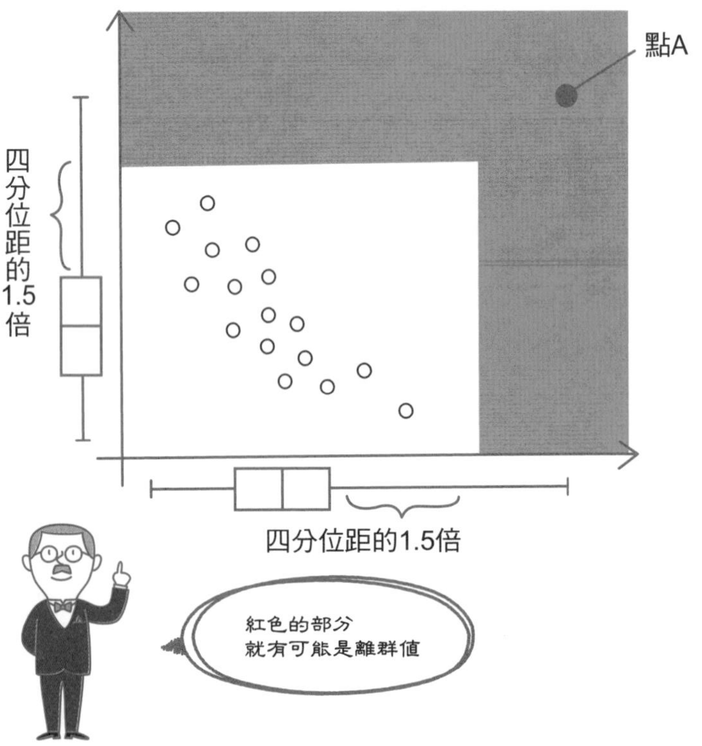

「如圖所示，將盒鬚圖加在散佈圖的縱軸和橫軸旁。畫法就跟第4章學的一樣。然後**鬍鬚的長度以盒子長度的為基準1.5倍，超過這個範圍的點就有可能是離群值**。」慶太聽了老師的話後問：「也有可能不是離群值嗎？」老師回答：「也有可能只是符合相關的較大數值，這需要後面再探討。」

辨認離群值和極端數值

如果是離群值

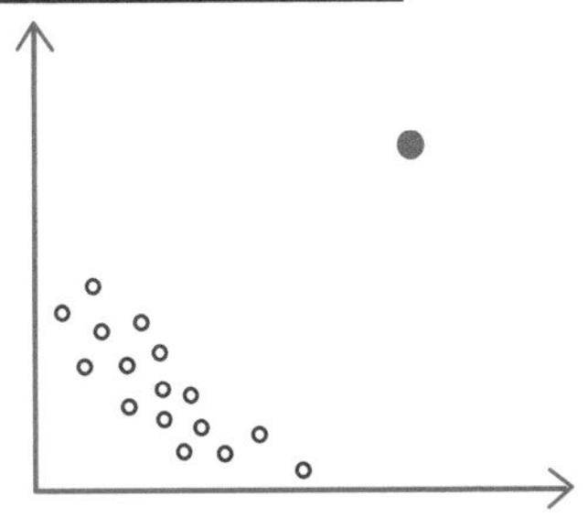

剔除離群值後
相關的正負會產生改變

如果沒去除離群值的話資料會呈現正相關，除去後則變成負相關。

如果是極端數值

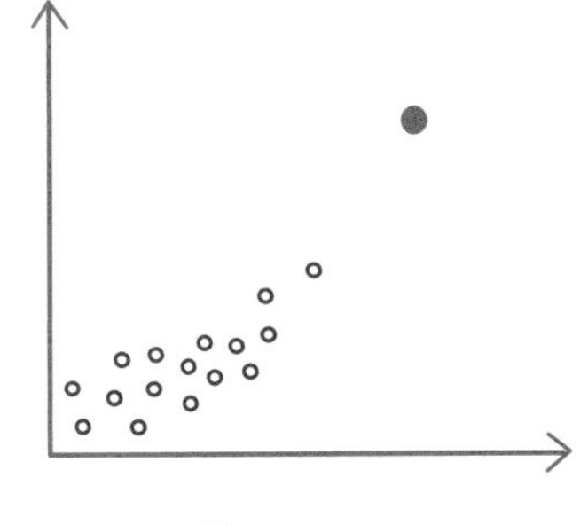

就算剔除離群值
相關的正負也不會改變

不管去不去除極端數值資料都呈現正相關。這種情況下該數值就不是離群值。

我想辨別相關的真假

判斷一數是符合相關的極大數值還是「離群值」並不容易。
這種時候，把資料分成各「層」來檢驗的方法非常好用。

慶太嘆了口氣：「光是求相關係數的話沒辦法判斷相關正負，只看盒鬚圖的鬍鬚長短也沒辦法確定到底是不是離群值，資料分析真的好難喔！」老師告訴他：「有一種判斷這些指標的分析方法叫做『**分層**』。**分層的意思是將原本的資料使用x和y以外的諸多資料來分類各項數值**。」

將資料分層後相關性便會浮現

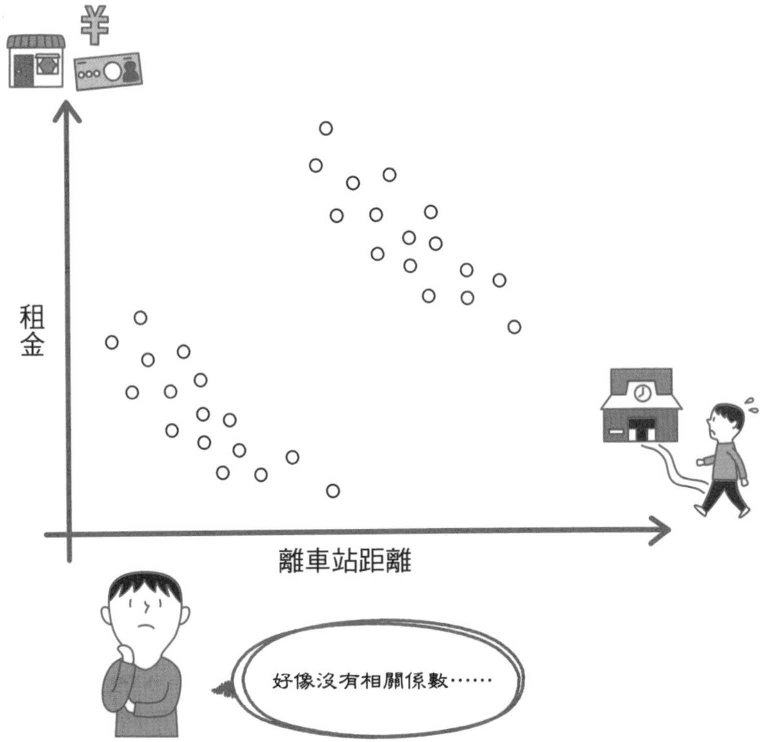

租金

離車站距離

好像沒有相關係數……

「比方說有一張散佈圖，上面包含慶太同學公司所有的連鎖店面的A餐銷售額（x軸）與B餐銷售額（y軸），A和B看起來好像有正相關。但分組成大都市圈、中都市圈、小都市圈來看的話……」老師畫出不同層的散佈圖。慶太看了說：「全部都是往右斜降。」老師說：「**使用x和y以外的資料來分類，就能看穿以假亂真的相關**。」

如果分成2座車站來看……

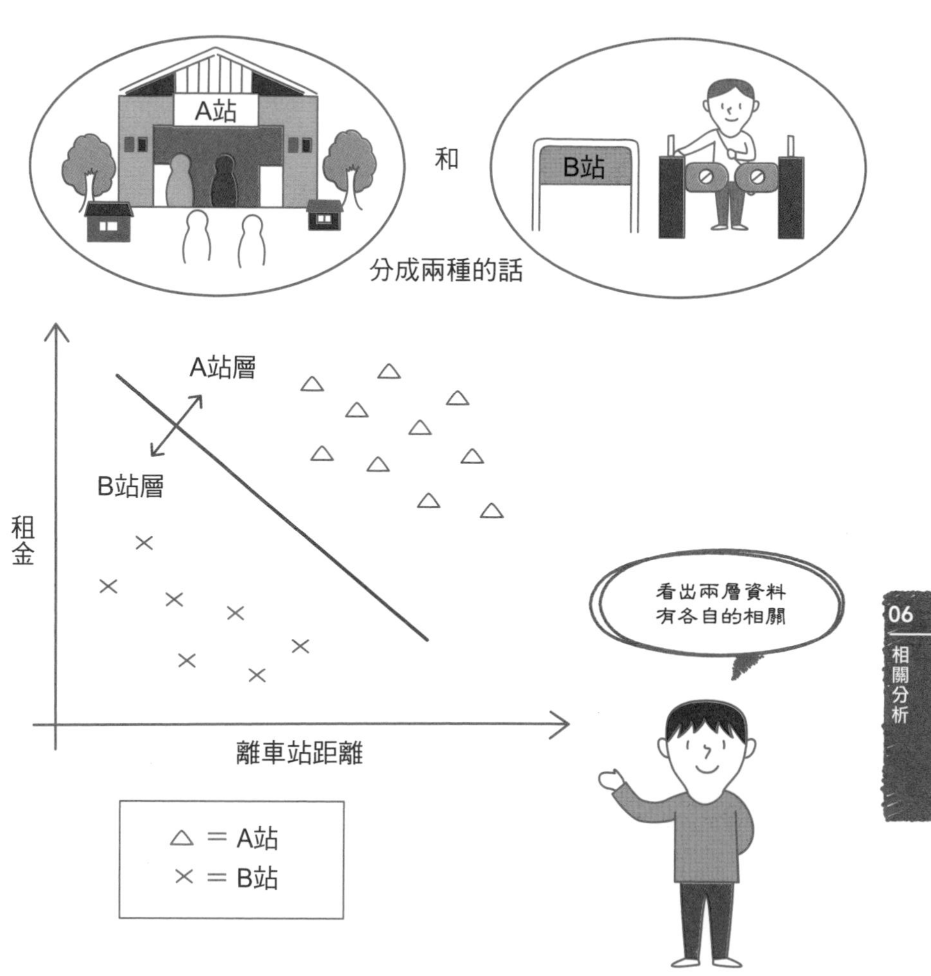

06 相關分析

統計學❻
10

不要被冒牌的因果關係蒙蔽了雙眼

有些狀況是相關性看起來很強，卻沒有因果關係。
我們還需要哪些工具，才能避免被魚目混珠的因果關係欺騙呢？

老師說：「這裡有一項資料，顯示餐飲店數量與銀行這類金融機構的店數之間有強正相關。」慶太思考：「這代表到銀行的人會順道走進餐飲店嗎？」老師問他：「那麼銀行店數越來越多的話，餐飲店的店數也會隨之增加嗎？」慶太回答：「這樣好奇怪喔。感覺這裡面不存在因果關係。」

相關並非無所不能!?

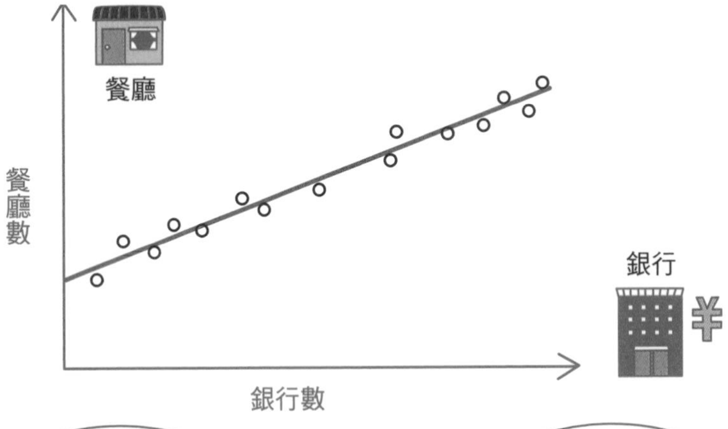

餐廳
餐廳數
銀行
¥
銀行數
BANK
銀行越多
餐廳越多？

「**有些情況是就算資料間有強相關，也不具有因果關係。這種關係稱作『假性相關』，換句話說就是冒牌的關係**。」老師說。慶太聽了點點頭：「如果只看相關係數的數值，感覺真的很容易搞錯呢。」老師告訴他：「重要的是，**不要只用相關係數馬上判斷有沒有因果關係，要從多重視角謹慎確認**。」

因果關係和相關性不一樣！

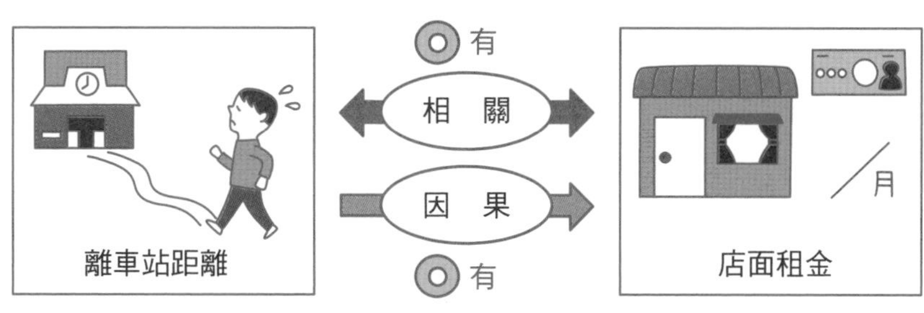

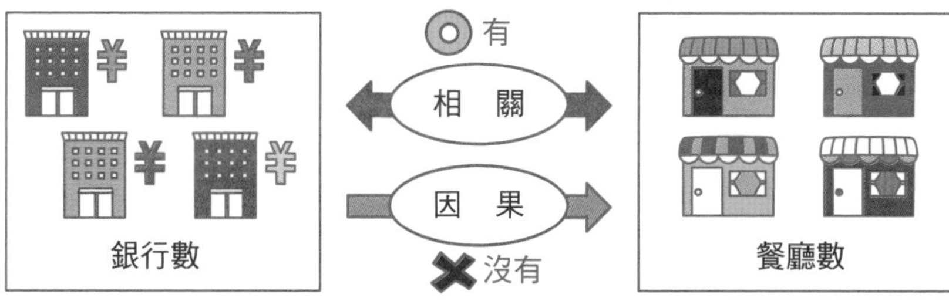

06
相關分析

統計學⑥
11

我想找出揭穿冒牌貨的關鍵

為確認兩筆資料有沒有因果關係，
我們需要假設一個影響兩邊資料的「第三方要素」。

慶太嘆了口氣。「統計學上就算能找出兩份資料的相關性，卻沒辦法知道到底有沒有因果關係啊。」老師說：「這種時候**就要找找看影響變量x和y的第三方要素**。」慶太聽了嚇一跳。「還有這種東西？」老師說：「刻意去找的話大多都找得出來。這第三方要素就稱作『**控制變數**』。」

第三方的變數「控制變數」

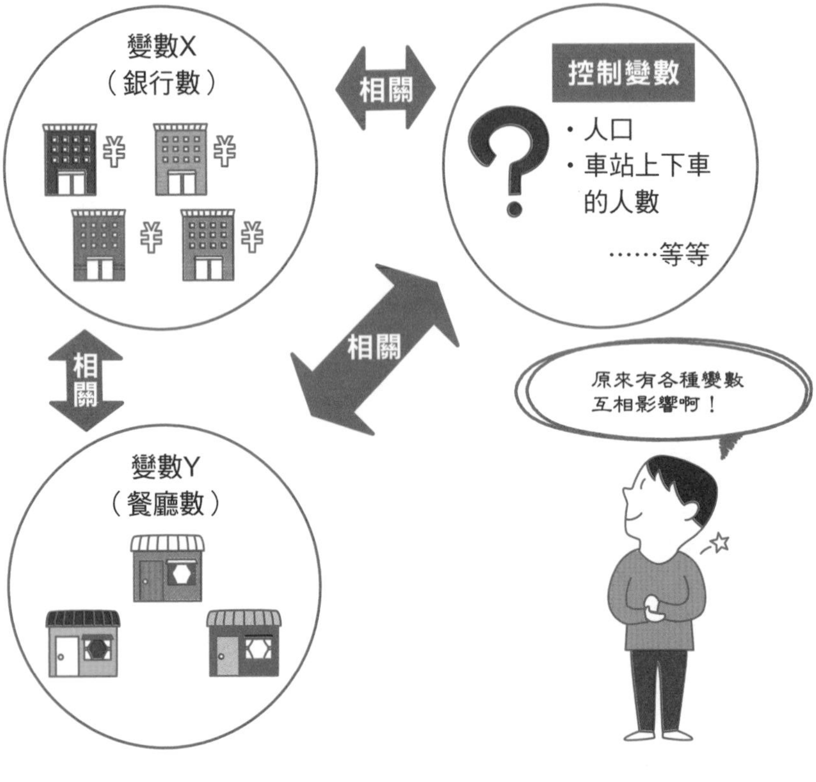

變數X
（銀行數）

相關

控制變數
・人口
・車站上下車
的人數
……等等

相關

相關

原來有各種變數
互相影響啊！

變數Y
（餐廳數）

「像剛才提到的餐飲店與金融機構數量的情況，x（餐飲店數）增加時y（金融機構數）雖然也有增加，但我們假設影響兩邊的因素『人口』為z，那麼相關性就可以想成下面這張圖。」慶太問：「接下來呢？」老師說：「**探討z和x的相關、z和y的相關，再討論去除z的影響後x和y的相關**。」

揭穿冒牌相關的秘訣！

①找出在背後操控情況的控制變數

有時兩種變數背後會有和兩邊資料都相關的變數。這種變數稱作「控制變數」。

②以淨相關係數檢查控制變數的影響

一控制變數到底帶給兩項變數多少影響，會用待會解說的淨相關係數來分析。影響力大的情況，兩項變數之間很可能就沒有因果關係。

揭穿冒牌相關的訣竅就是找到控制變數，仔細調查控制變數是否對有相關的兩變數造成影響。如果找到可能的控制變數，就求淨相關係數來分析該可能的控制變數對兩變數的影響。

我想檢查資料相關是真是假

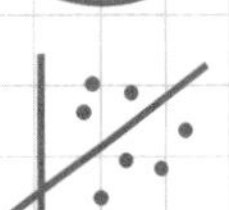

去除人口的影響後，分析餐飲店數量和金融機構數量的相關，確認兩筆資料到底有沒有相關。

「像前一頁要探討兩變數關係是否為虛假關係時，就計算將z（控制變數）的影響去除後兩項變數的相關係數，**這個數值稱作『淨相關係數』。使用淨相關係數，探討去除z影響後兩資料之關係的行為稱為『淨相關分析』**。」慶太問老師：「算式看起來好複雜喔。結果x和y的關係到底是怎樣呢？」

拆穿控制變數的「淨相關係數」

計算X和Y的淨相關係數公式

$$= \frac{(\text{X與Y的相關係數}) - (\text{X與Z的相關係數}) \times (\text{Y與Z的相關係數})}{\sqrt{1-(\text{X與Z的相關係數})^2} \times \sqrt{1-(\text{Y與Z的相關係數})^2}}$$

「淨相關分析的結果，可以得知去除人口影響後淨相關係數為0.1，比相關係數小。」老師說。慶太笑了笑。「就代表不是金融機構數增加，餐飲店就會增加的意思吧？」老師回：「x和y都各自受到『人口』的影響很大。**我們是透過假設人口具有影響力，才能判斷出餐飲店數和金融機構店數為虛假關係**。」

淨相關係數怎麼看

去除這項影響後

與

的淨相關係數

=

0.1

判斷方法和相關係數一樣

＜接近－1 or ＋1＞
具有線性關係

＜接近0＞
不具有線性關係

由於數值接近0，
可以視它為
虛假關係！

我想求得兩個變數的總和與平均

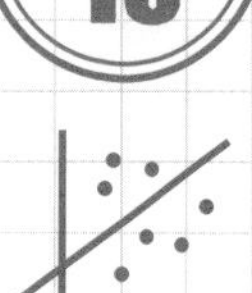

計算兩個變數的相關係數十分複雜，不過如果使用Excel就能輕鬆搞定。使用前先將計算數據「總和」和「平均」的方法好好學起來。

「**相關係數計算起來雖然複雜，但也可以用Excel簡單求出**。」聽了老師的話，慶太問：「那要怎麼樣計算呢？」老師解釋：「我們用從車站到店裡的所需時間和租金，這兩份資料來試試看怎麼計算**『總和』與『平均』**。」老師接著說：「首先在工作表上面輸入標籤，接下來把資料輸入欄內。」慶太一副神氣的樣子說：「到這裡根本游刃有餘。」

製作工作表

數據編號	所需時間（分）
1	20
2	17
3	16
4	15
5	12
6	10
7	8
8	7
9	7
10	6
11	5
12	3
總和	
平均	

「首先輸入計算指令。輸入方程式時，要先打一個『＝』。求總和時（①）在B14的儲存格裡輸入『＝』後，再輸入加總的指令『SUM』。要算總和的數值範圍是B欄的第2～13列，所以輸入（B2:B13）接著按下ENTER鍵。求平均值時（②）在A15輸入『平均』的標籤，並於B15輸入『＝AVERAGE（B2:B13）』，按下ENTER鍵。」

輸入方程式

①計算總和時

12	11	5	
13	12	3	
14	總和	=SUM(B2:B13)	
15	平均	10.5	

②計算平均時

12	11	5	
13	12	3	
14	總和	126	
15	平均	=AVERAGE(B2:B13)	

原來總和是SUM
平均是AVERAGE

一大堆資料也能
瞬間計算完成

我想求得兩個變數的標準差

算出兩筆資料的總和與平均後，接下來嘗試看看計算「標準差」。首先求出各資料的離均差，再用函數計算標準差。

「**用Excel算出所需時間的總和與平均後，接下來要計算標準差**。首先在C1製作標籤『所需時間之離均差（分）』，在C2輸入『＝B2-$B$15』，就會出現編號1的離均差。接下來在選起儲存格C2的狀態下，點兩下右下角的■，就能算出剩下到C13為止的離均差了。」慶太聽完後照著做了一遍。「這麼一來全部數值的離均差就出來了呢。」

求離均差

◇	A	B	C
1	數據編號	所需時間（分）	所需時間之離均差（分）
2	1	20	=B2−$B$15
3	2	17	
4	3	16	
5	4	15	
6	5	12	
7	6	10	
8	7	8	
9	8	7	
10	9	7	
11	10	6	
12	11	5	
13	12	3	
14	總和	126	
15	平均	10.5	

只要輸入一次方程式就能套用在所有資料上面

老師繼續說：「再來要求標準差。**標準差是離均差的2次方（離均差平方）總和除以資料筆數後得出的變異數再開根號（√￣）**。所以我們要在D2裡輸入『＝C2ˆ2』來求離均差平方。離均差平方和就是D欄的總和，所以在D14輸入『＝SUM（D2:D13）』。再來要將這個數字除以資料筆數，所以在D15輸入『＝D14/12』。變異數開根號後就是標準差了，所以在D16輸入『＝SQRT（D15）』。」

從離均差平方來求標準差

①離均差平方的求法

C	D
所需時間之離均差（分）	所需時間之離均差平方
9.5	=C2^2
6.5	42.25
5.5	30.25
4.5	20.25
1.5	2.25
−0.5	0.25
−2.5	6.25
−3.5	12.25

②計算標準差

◇	A	B	C	D
1	數據編號	所需時間（分）	所需時間之離均差（分）	所需時間之離均差平方
2	1	20	9.5	90.25
3	2	17	6.5	42.25
4	3	16	5.5	30.25
5	4	15	4.5	20.25
6	5	12	1.5	2.25
7	6	10	−0.5	0.25
8	7	8	−2.5	6.25
9	8	7	−3.5	12.25
10	9	7	−3.5	12.25
11	10	6	−4.5	20.25
12	11	5	−5.5	30.25
13	12	3	−7.5	56.25
14	總和	126	0	323
15	平均	10.5	0	26.91666667
16	標準差			=SQRT(D15)

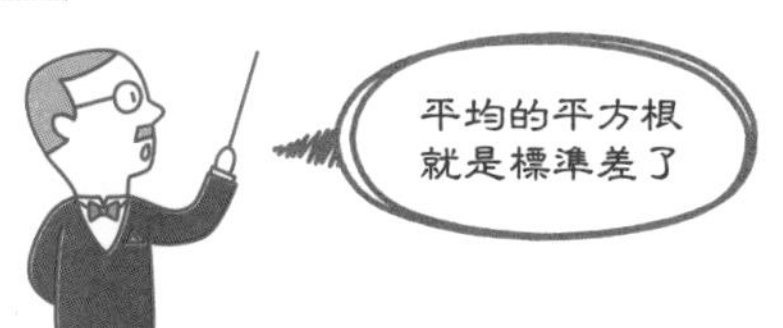

我想求得兩個變數的共變異數

接下來要求表現兩個種資料之間關係的指標：「共變異數」。
將兩項變數的離均差整理在同一張工作單裡，輸入函數計算。

「前一頁已經學到如何用Excel來求離均差跟標準差了。接下來要加以活用，來製作計算**共變異數**的Excel工作單。把『所需時間』和『租金』的各項離均差欄位都整理在同一張工作單裡。**相關係數的分子——共變異數要從『離均差積（所需時間的離均差×租金的離均差）』計算得出**。計算前先在最右邊做一欄『離均差積』的儲存格。」老師解釋。

製作工作單

◇	A	B	C	D	E	F
1	數據編號	所需時間（分）	租金（萬日圓）	所需時間之離均差（分）	租金之離均差（萬日圓）	離均差積
2	1	20	14.2	9.5	−4.633333333	
3	2	17	15.2	6.5	−3.633333333	
4	3	16	15.8	5.5	−3.033333333	
5	4	15	16.4	4.5	−2.433333333	
6	5	12	17.4	1.5	−1.433333333	
7	6	10	17.6	−0.5	−1.233333333	
8	7	8	19	−2.5	0.166666667	
9	8	7	20.8	−3.5	1.966666667	
10	9	7	19.6	−3.5	0.766666667	
11	10	6	23	−4.5	4.166666667	
12	11	5	22.6	−5.5	3.766666667	
13	12	3	24.4	−7.5	5.566666667	
14	總和	126	226	0	1.42109E−14	
15	平均	10.5	18.83333333	0	1.18424E−15	
16	標準差					

「**共變異數是離均差交乘積和除以資料筆數所算出的數字。換句話說，就是離均差積的平均數**。因此，我們在最右邊的欄位計算離均差積（＝D2*E2），再用『＝AVERAGE（F2:F13）』就能計算出平均。」老師如是說。慶太聽完後說：「相關係數的公式是（X與Y的共變異數）／（X的標準差）×（Y的標準差）。這麼一來計算相關係數的元素都到齊了呢。」

從離均差積來求共變異數

①計算離均差積

D	E	F
所需時間之離均差（分）	租金之離均差（萬日圓）	離均差積
9.5	−4.633333333	=D2*E2
6.5	−3.633333333	
5.5	−3.033333333	
4.5	−2.433333333	
1.5	−1.433333333	
−0.5	−1.233333333	
−2.5	0.166666667	
−3.5	1.966666667	
−3.5	0.766666667	
−4.5	4.166666667	
−5.5	3.766666667	
−7.5	5.566666667	
0	1.42109E−14	
0	1.18424E−15	

②計算共變異數

E	F
租金之離均差（萬日圓）	離均差積
−4.633333333	−44.01666667
−3.633333333	−23.61666667
−3.033333333	−16.68333333
−2.433333333	−10.95
−1.433333333	−2.15
−1.233333333	0.616666667
0.166666667	−0.416666667
1.966666667	−6.883333333
0.766666667	−2.683333333
4.166666667	−18.75
3.766666667	−20.71666667
5.566666667	−41.75
1.42109E−14	−188
1.18424E−15	=AVERAGE(F2:F13)

我想求得兩個變數的相關係數

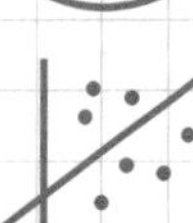

使用Excel計算相關係數的方法，終於來到最後一關了。
利用其他Excel的函數，就能分析各式各樣的資料。

「趕快用目前計算出來的結果來算算相關係數吧。**先製作求得相關係數時需要的『所需時間的標準差』、『租金的標準差』、『所需時間與租金的共變異數』等欄位，並將目前得出的數值分別輸入對應的儲存格，最後輸入求出相關係數的方程式『＝B3/（B1＊B2）』**。」老師解釋。慶太照著做了一遍。

整理目前計算出來的數值

◇	A	B
1	所需時間的標準差	5.188127472
2	租金的標準差	3.167368343
3	所需時間與租金的共變異數	−15.66666667
4	所需時間與租金的相關係數	=B3/(B1*B2)

◇	A	B
1	所需時間的標準差	5.188127472
2	租金的標準差	3.167368343
3	所需時間與租金的共變異數	−15.66666667
4	所需時間與租金的相關係數	−0.953382977

「終於算出相關係數了呢⋯⋯。那我想問，散佈圖也可以用電腦做出來嗎？」慶太問。老師回答：「當然可以。**選擇想以散佈圖來表現的儲存格範圍，使用Excel的『插入』>『圖表』>『散佈圖』就可以做出圖表了**。」慶太學起來了。「原來選擇的儲存格左邊會形成X軸，右邊則形成Y軸。」

繪製散佈圖

①選擇儲存格

B	C
所需時間（分）	租金（萬日圓）
20	14.2
17	15.2
16	15.8
15	16.4
12	17.4
10	17.6
8	19
7	20.8
7	19.6
6	23
5	22.6
3	24.4

②插入圖表

◇	A	B	
1	數據編號	所需時間（分）	租
2	1	20	
3	2	17	
4	3	16	
5	4	15	
6	5	12	
7	6	10	
8	7	8	
9	8	7	
10	9	7	
11	10	6	

※上圖畫面會因Excel版本而有所差異

③完成散佈圖

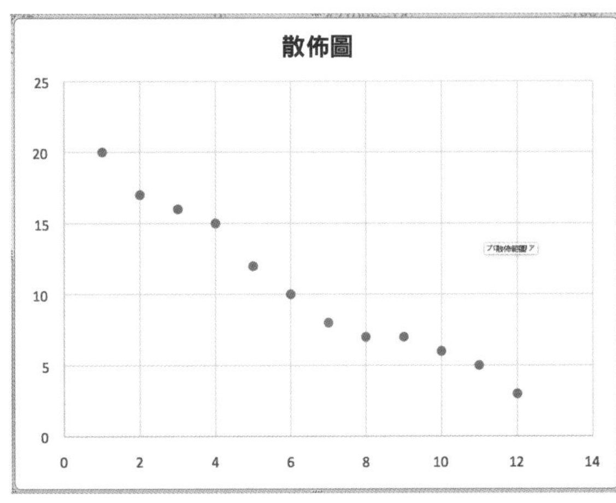

NO.

Date

column 06

催生出「機率論」的數學家——帕斯卡

用機率論來探討上帝到底存不存在！

布萊茲·帕斯卡也是一位以圓錐曲線的「帕斯卡定理」而出名的數學家，他的理論在很多領域都流傳至今。而由他開創的「機率論」成了日後統計學的基礎。帕斯卡死後才被人發表的作品《思想錄》中有用機率論來思考上帝是否存在的段落，人稱「帕斯卡的賭注」。他主張如果賭「上帝存在」的人贏了就能得到「永生與喜樂」，就算賭輸也什麼都不會失去，所以他認為「上帝存在」的想法十分合理。享年僅39歲的帕斯卡在無數領域都徹底發揮了他的才幹，要不是他英年早逝，想必能創下更多豐功偉業吧。

Chapter

07

A B

以假設檢定得出有憑有據的答案

慶太正在思索新分店菜單上的招牌餐點該怎麼選擇。他學到蒐集問卷並從回答去推測未來的統計學分析方法，並十分認真學習其實際操作方式。

我想利用統計學預知未來

市場調查這種調查對象數量過於龐大、
無法蒐集到全數資料時，統計學可以發揮十足的效果。

開始分析問卷結果的慶太，整理資料到一半時停下手來。「之前都是將所有資料蒐集起來進行分析，可是這次不一樣，**我總不可能請上門的所有客人都把問卷填好填滿吧。而且也有些分店沒有採用問卷**，前面學的方法不管用啊。」發現自己需要不同於前面所學方法的慶太，跑去找老師商量。

探討母體特徵的推論統計學

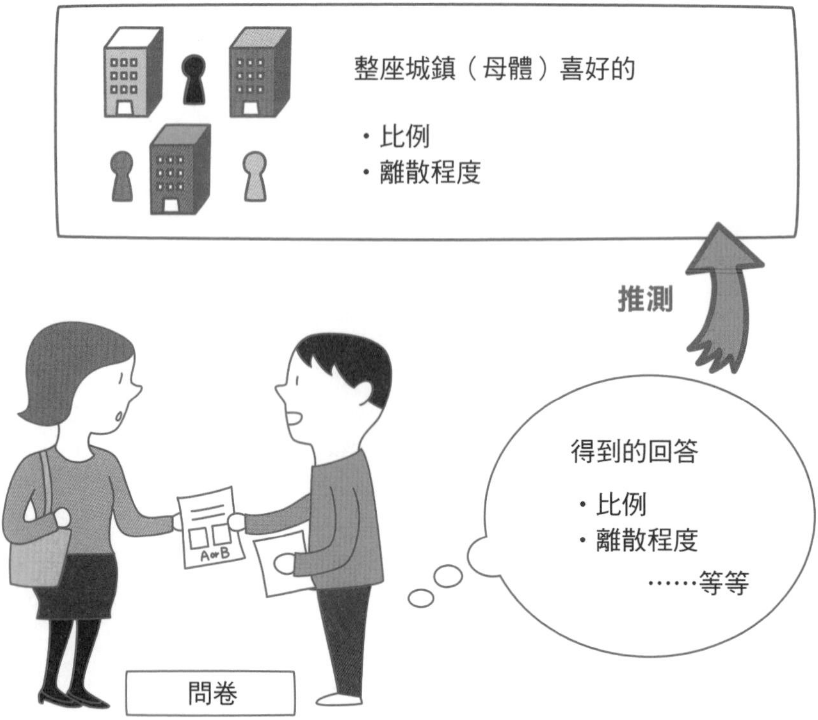

整座城鎮（母體）喜好的

・比例
・離散程度

推測

得到的回答

・比例
・離散程度
……等等

問卷

「接下來就輪到『**推論統計學**』出場了。推論統計學**除了用實際資料外，還會採用機率的概念來推論目前未發生的事情**。像電視收視率（18頁）就會以一部分的資料和機率為根據來推論結果。為了了解其有效性，下一頁開始就來看看推論統計學究竟是怎麼構成的。」

推論統計學的種類

①估計（152頁）

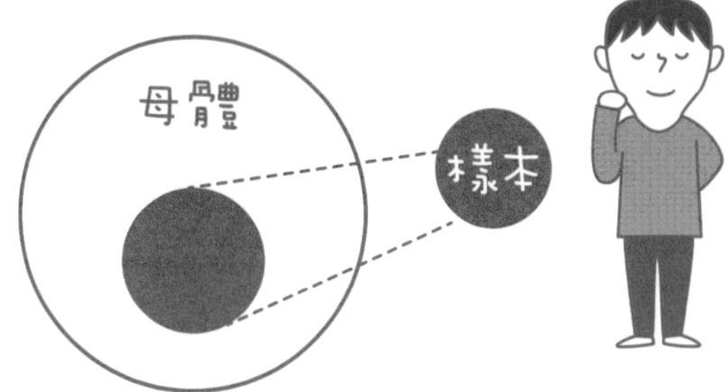

從取出的樣本來掌握母體特徵的行為稱作「估計」，調查電視收視率時就是使用這項方法。

②假設檢定（158頁）

從取出的樣本來建立假設，再將假設套用至母體分析其適不適用的方法稱作「假設檢定」。用於問卷調查等地方。

我想從少許資料來掌握整體狀況

分析時無法蒐集到所有資料的情況下，統計學中有種方法是從樣本來進行「估計」。

「推論統計學上有一種從樣本數值來推斷一定範圍內資料整體特徵的方法，稱作『**估計**（區間估計）』。其概念是『**從母體抽出的資料特徵會和母體相似**』。你覺得有什麼樣的東西會利用這種方法分析？」老師考慶太，慶太回答：「就是之前聽過的電視收視率和市場調查！」

估計即進行有範圍限制的推測

樣本的收視率

有看　沒看

10%

推測的收視率

4%～15%

考量到機率進行分析

會產生這種不安…

・會不會只是剛好比較多人看？
・會不會只是剛好比較少人看？
→搞不好偏離了實際情況？

樣本數越多
偏差範圍
就越小

老師點點頭，繼續說：「我們把收視率調查解釋清楚一點。這項調查是調查一般家庭在哪個時段選擇收看哪個頻道，調查對象其實並非全國家庭，而是**從各區域隨機挑選出200～900戶家庭的資料來推測整體的情形**。只要有數百筆資料就能求出可用的資料，統計學是不是很方便呀？」

估計時需要機率的原因

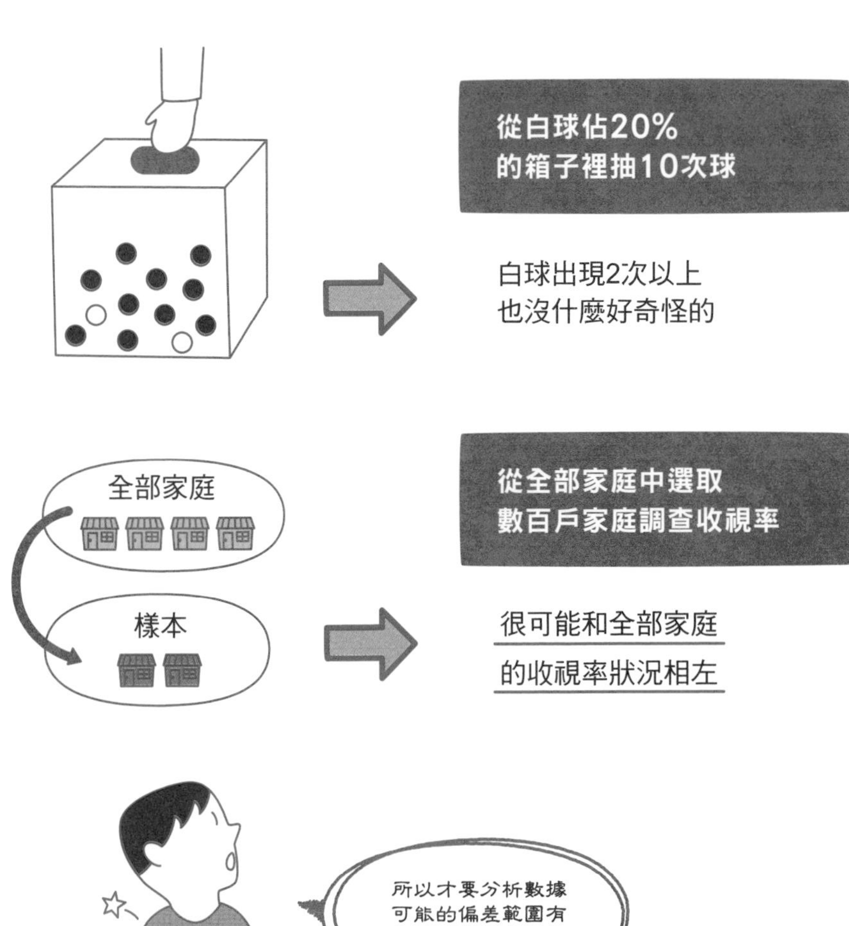

我想用機率替資料的特徵模式化

「模式化」聽起來好像很複雜、很麻煩。
讓我們先來了解這個模式化到底方便在哪裡、要怎麼使用。

「實際上要怎麼推測整體情況呢？」慶太問老師。老師回答：「有幾種方法，**但每個方法都有異曲同工之妙，就是使用機率替母體的特徵模式化**。」慶太心想：「模式化，聽起來好像很難。」不過老師繼續說下去：「模式化是讓分析具有普遍性的有效方法。比方說，調查活動出席與否時會有參加、不參加兩種選項。

什麼是機率模式化？

擲5次骰子

⚀ 出現n次的機率

模式化

n	機率
0	$C^5_0(\frac{5}{6})^5$
1	$C^5_1(\frac{1}{6})(\frac{5}{6})^4$
2	$C^5_2(-)^2(\frac{5}{6})^3$
3	$C^5_3(\frac{1}{6})^3(\frac{5}{6})^2$
4	$C^5_4(\frac{1}{6})^4(\frac{5}{6})$
5	$C^5_5(\frac{1}{6})^5$

如果收到邀請函的1000人之中有600人參加，參加率為60%時，第1001位客人的參加機率也可以預測是60%。**這在統計學上解釋成『該機率模式為會參加的人有60%』。以這項預測為基準，分析如果還需要5名參與者的話應該要再詢問幾個人。**」老師如此說道。

機率模式化的範例

活動出席率為3/5時，如果送邀請函給5個人，有3個人會參加的機率是

$$C^5_3\left(\frac{3}{5}\right)^3\left(\frac{2}{5}\right)^2=\frac{216}{625}$$

普遍來說機率為p的事件嘗試n次
該事件發生r次的機率等於

$$C^n_r\,p^r(1-p)^{n-r}$$

07 假設檢定

我想將事件發生難易度轉換成數值

A　B

將「事件發生難易度」轉換成數值聽起來好像會用到複雜的計算，統計學上是用什麼方法來求得、又是怎麼使用的呢？

老師繼續配合著下面的圖進行說明：「**機率模式是將母體的『某件事情發生難易度』以機率來表示的方法**。擲硬幣（發送邀請函）等進行實驗和觀察的行為統稱『試驗』，**所有試驗可能產生之結果的集合稱作『樣本空間』，而樣本空間中的某部分形成的集合（全體中的一部份集合）則稱作『事件』**。」

嘗試與事件以及樣本空間

試驗

擲骰子

樣本空間

所有可能產生的結果

事件

產生的結果

抽出樣本的行為
也可以說是
一種試驗。

「我們用骰子來當作樣本空間的範例想想看。假設一顆骰子不管是1到6哪一點數的出現機率都一樣，那麼這個時候出現1～4點的機率就可以用『事件的樣數（個數）』除以『樣本空間的樣本數（個數）』算出。也就是說，關注的事件數（1,2,3,4）除以整體情況個數（1,2,3,4,5,6），可以求出結果為4/6＝2/3。」慶太點點頭。

發生可能性相同時的機率算法

發生可能性相同是什麼意思？

骰子的點數

沒動過手腳的話
每一點出現機率
都是6分之1。

硬幣正反面

硬幣沒變形的話
正反面出現機率
都是2分之1。

公式

$$\text{機率P} = \frac{\text{事件的樣本數}}{\text{樣本空間的樣本數}}$$

事件A（出現6）的機率
＝1/6

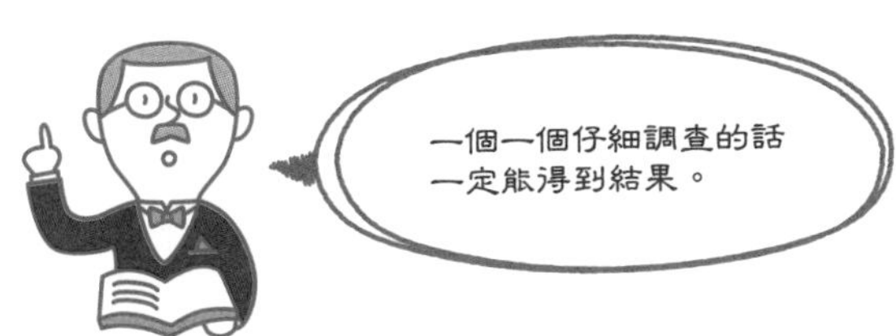

統計學⑦
05

我想從問卷調查結果來建立假設

想活用問卷結果，先從建立「假設」開始。
本章就要來學習其理由以及建立假設的方法。

慶太為了決定關西地區新分店的招牌餐點，正在整理問卷結果。問卷上列出兩種餐點，讓填答者選擇哪一道餐點比較好。投票結果顯示，在關東地區A餐比B餐受歡迎許多，然而關西地區則是B餐人氣稍微贏過A餐。慶太不知道該怎麼評斷這項結果，於是跑去請教老師。

從問卷來推測母體的喜好

分店開設地點的客人（母體）
比較喜歡哪一道呢？

A餐

B餐

用問卷
調查看看吧

A or B

A or B

A or B

A or B

「A餐在關東地區有壓倒性的人氣，我認為新分店也應該主打A餐，可是這次主要拓展連鎖店的地區在關西，B餐也滿捨不得放棄的。如果說關西地區的問卷調查結果只是偶然的話還好說。」慶太說。老師解釋：「那麼，**你就假設『關東和關西地區的餐點喜好沒有差別』，然後實際驗證看看。這種驗證的行為在統計學上稱作假設檢定**。」

該選哪道餐點當招牌餐點？

問卷調查結果

	A餐	B餐	總和
關東	237	153	390
關西	253	267	520
總和	490	420	910

特徵①　在關東是A餐大勝

特徵②　在關西是B餐險勝

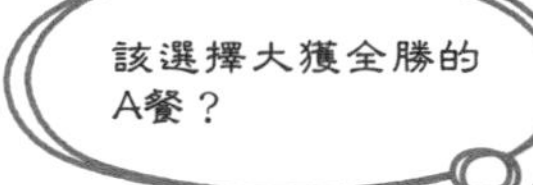

如果分店開在關西的話
是否該選擇B餐？

我想建立一套可以計算機率的假設

A B

「可以計算機率的假設」要怎麼建立呢？
接著就來學習其使用方法和操作時必須注意的概念。

「建立某資料『可能是這樣』的假設，然後分析可能發生的機率對吧。可是為什麼不是假設『關東和關西地區的喜好不同』而是『關東和關西地區的喜好沒有差別』呢？」慶太問。老師稱讚他：「你注意到了一個很重要的地方。」並繼續說：「**建立假設時的重點，在於能不能計算機率**。」

假設檢定的流程

① 建立虛無假設 — 能否計算機率是重點

② 計算虛無假設發生的機率 — 用Excel計算

③ 選擇要採用虛無假設還是對立假設 — 根據②來決定

「這裡講的『喜好沒有差別』指的是A餐和B餐的投票狀況在關東關西之間沒有差異。所以假設兩者沒有差別，例如說不管關東還是關西，『A:B=7:6』這項比例都成立。**就算不是真實情況也沒關係，只要設定好嚴謹的數值就好**，接下來只要用Excel的『卡方檢定』函數，**就能查出該假設發生的機率**。像這樣可以進行計算的假設，稱為**虛無假設**。」

建立虛無假設

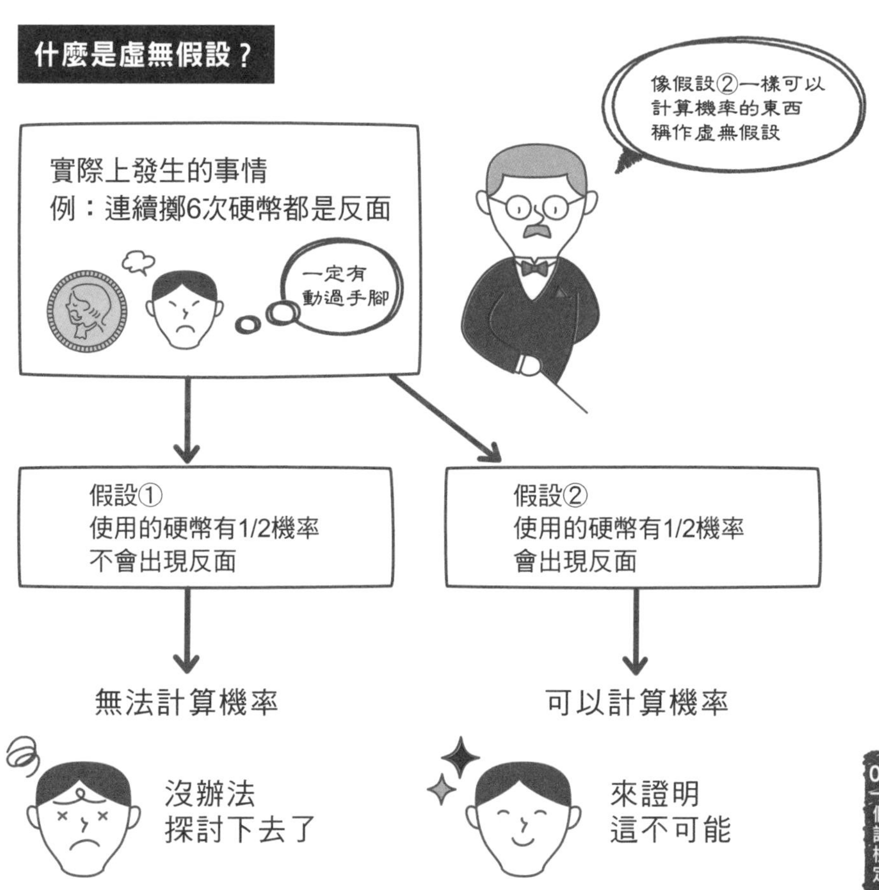

07 假設檢定

我想知道可以計算出機率代表什麼意思

推論統計學上，建立可以計算機率的假設十分重要。
那麼接著就來學學怎麼樣才能求出機率。

慶太說：「假設的建立方法我到現在還是沒個頭緒。」老師說：「那麼用骰子來試想看看。」「舉例來說，假設擲骰子60次，出現點數狀況如下一頁的圖。然後再假設要調查骰子是不是有缺陷導致數值產生誤差、還是骰子沒有缺陷只是結果剛好如此。**這時建立假設最重要的是能不能用數字來表現**。」慶太問：「用數字來表現？」

A餐及B餐的虛無假設

實際的數值

	A餐	B餐	總和
關東	237	153	390
關西	253	267	520
總和	490	420	910

虛無假設所假定的數值

	A餐	B餐	總和
關東	210	180	390
關西	280	240	520
總和	490	420	910

全部比例　7 : 6　呈現

原來這就是關東和關西之間沒有差別的假設啊

如果有實測值和假設的值的話，就能用Excel計算機率

「假設『骰子十分均一、每個點數出現機率都相等』的情況下，1～6的點數應該會完美地各出現10次。像這樣**能否將漂亮的理論數值以表格來表示，是建立假設時的基準**。」老師解釋。慶太聽完後明白了。「招牌餐點的假設也是以7：6的理論值來表現呢。原來能不能用表格漂亮呈現對建立假設來說這麼重要。」

以骰子為例的虛無假設

骰子擲60次時

實際的數值

點	1	2	3	4	5	6
次數	16	4	14	6	12	8

虛無假設所假定的數值

點	1	2	3	4	5	6
次數	10	10	10	10	10	10

每個點數出現次數皆均等

我想知道從虛無假設可以判斷出什麼結論

為什麼建立知道機率的假設很重要？
要推導出結論，有幾項必備的統計學技巧。

「可是為什麼建立知道機率的假設很重要呢？」慶太問。老師說：「知道機率，就能計算該事件發生的可能性有幾%。用剛才的骰子範例來看，使用所有點數出現機率均等的骰子，就能計算出某點出現率為多少%。雖然算出來的數值的確很可能發生，但如果數值算出來趨近於0%的話怎麼辦呢？」

對立假設和虛無假設

① 假設關東和關西的餐點喜好沒有差別

② 機率算出來的結果是0.001%
得知①的假設不可能

③ 因此證明關東和關西的餐點喜好存在差別

透過否定虛無假設所得到的結論稱作對立假設

慶太思索了一陣子後回答：「使用的骰子並非所有點數出現機率均等，所以得知骰子被人動過手腳。」老師說：「沒錯，**如果虛無假設不正確，就能依反證法來採用相反的假設，也就是對立假設**。準備虛無假設和與之對立的假設，利用機率來判斷該採用哪項假設的行為稱作假設檢定。」

以骰子為例

① 以骰子各點數出現機率均等為前提

② 結果符合實際擲出點數情況的機率為35%

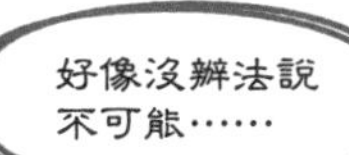

③ 無法否定虛無假設的情況下
我們可以得到「無法斷定
點數出現機率不均等」的結論

07 假設檢定

我想知道假設檢定的種類①

判斷事件在統計學上有沒有可能發生的假設檢定分成很多種類，其中一項，叫做配合度檢定的方法究竟是什麼？

「建立可以計算機率的虛無假設以及與之相反的對立假設，並從虛無假設的機率來選出哪項假設比較正確的方法就稱作『假設檢定』。不過**假設檢定只是一個統稱，其實底下包含了許多種類**。其中一項就是剛才針對骰子出現點數進行假設的『**配合度檢定**』。」老師說。「這個方法有什麼特徵呢？」慶太問。

假設檢定的種類

①配合度檢定（167頁）

檢驗母體和樣本存在多少誤差
例：骰子出現的點數

②獨立性檢定（168頁）

檢驗母體和樣本之間有沒有差別
例：檢測問卷結果

<其他>
母體平均數之檢定、母體變異數之檢定等

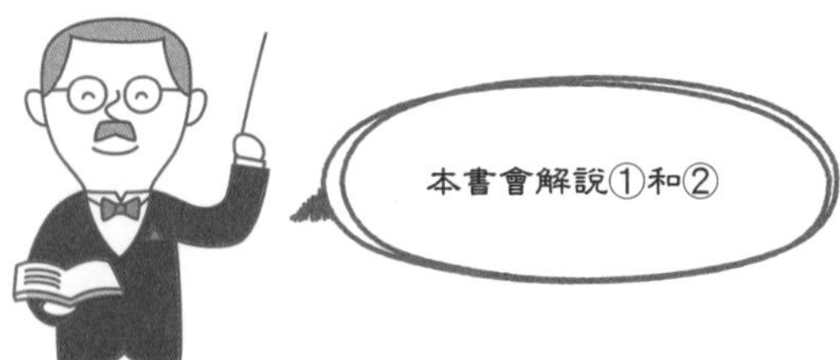

老師回答：「**配合度檢定的特徵，是能夠自己設立理論值來探討和實驗值之間的配合度（可能發生的機率）**。這種方法非常好用，只要建立出解析資料傾向的假設，就可以套入任何資料使用。然而也有美中不足之處，像慶太同學探討的問卷這種含有兩要素（餐點分A餐跟B餐／蒐集票數分關東或關西）的情況就不適用。」

配合度檢定

實驗值

點	1	2	3	4	5	6
次數	16	4	14	6	12	8

理論值（設立的假設數值）

點	1	2	3	4	5	6
次數	10	10	10	10	10	10

以假設的理論值為基礎，探討實驗值有多少機率會出現。

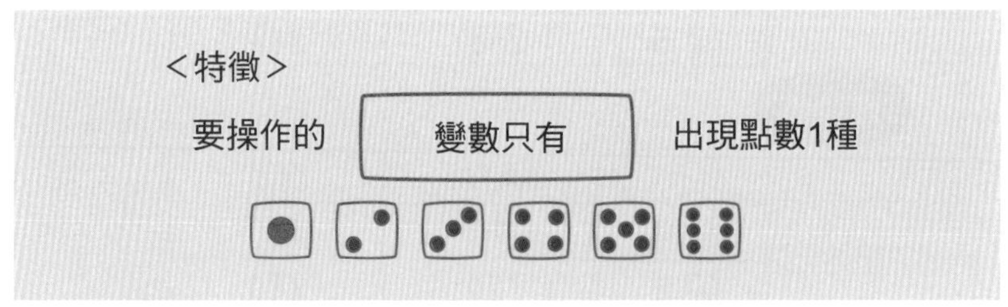

我想知道假設檢定的種類②

同時處理兩組以上的資料時所用的假設檢定為獨立性檢定。
實際使用時，該注意哪些地方呢？

「至於餐點問卷這種資料具有兩項要素（變數）時所使用的，**是配合度檢定進一步衍生出來的『獨立性檢定』。意在探討『A餐還是B餐』、『關東還是關西』這些各式各樣的要素是否會帶給另一方影響**。」老師說明。慶太問：「這樣就能搞清楚關東關西的差別會不會影響A餐還是B餐的選擇了呢。」

獨立性檢定

	A餐	B餐
關東	237	153
關西	253	267

理論值

	A餐	B餐
關東	210	180
關西	280	240

<特徵>
操作的變數有

關東 or 關西　與　A餐 or B餐　2種

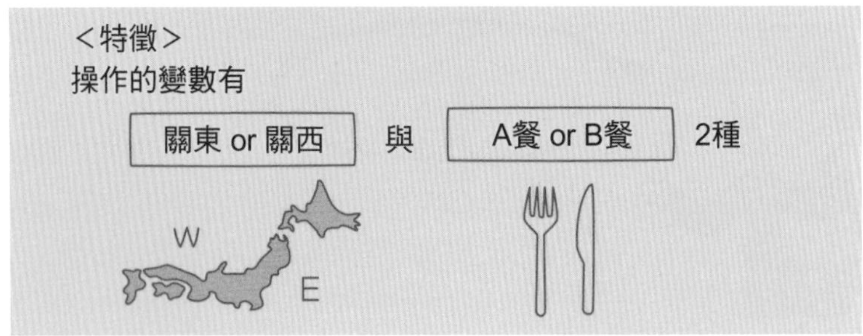

「**獨立性檢定也和配合度檢定一樣將理論值整理成表格後，再用Excel的卡方檢定來求出理論值可能發生的機率**。只要搞清楚不管關東還是關西對於餐點的喜好都沒有差別的話，那麼要選用受歡迎的A餐也沒問題。如果關東和關西的選擇喜好似乎有差異，那我們就知道還需要進一步調查跟檢討。」

配合度&獨立性檢定的流程

1 將實驗值和理論值整理成表格

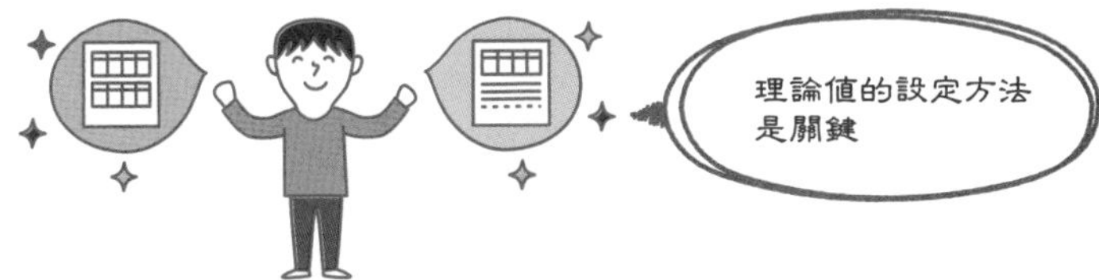

2 用Excel計算機率

3 檢討算出來的機率

我想從算出的機率來判斷假設對錯

我們接下來要學習以問卷調查結果為基礎所建立的假設要怎麼運用、該怎麼做出判斷。

慶太問：「從理論值計算出機率之後要怎麼辦呢？」老師說：「**根據算出的機率高低來決定要接受還是放棄虛無假設**。在『關東和關西選擇餐點的傾向沒有差別』這項假設下，Excel算出來的結果會符合實際問卷情況的機率約為0.03%。慶太同學認為這個數字代表什麼意思呢？」

用機率檢討假設

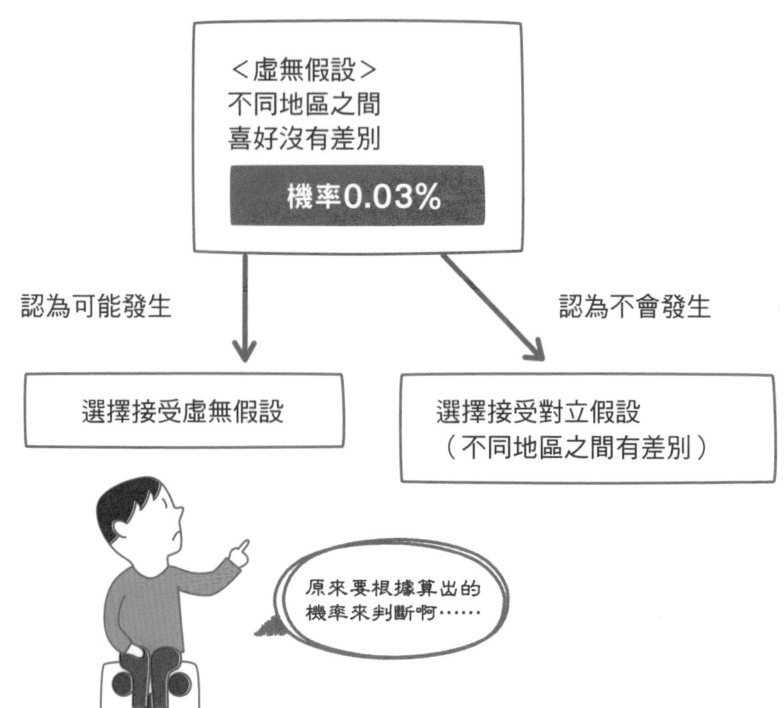

「意思是就算取得1萬張問卷結果，符合的數值也只會出現3次對吧。這麼一來就不能說假設正確了。我認為關西地區的問卷調查會出現B餐比較受歡迎的結果並不是湊巧。」慶太說。老師點點頭。「換句話說，**我們放棄建立的假設，選擇接受『關東和關西的喜好存在差異』的對立假設**。這種情況下，這樣的判斷是正確的。」

判斷是很主觀的事情？

需要根據客觀的機率來討論

就算看到同樣的機率，每個人的感覺也不一樣。而怎麼感受的會因立場和經驗有所差異，所以重要的是有關係的人互相提出意見討論，再做出判斷。

我想知道判斷機率的方法

了解假設檢定的流程後，接著就想搞清楚採用哪項假設的基準是怎麼決定的。選擇接受假設與否的方法是什麼？

慶太問：「要不要接受假設，可以依據自己的感覺來決定嗎？」老師回答他：「計算出來的機率我們稱作**p值**，以p值為準再憑自己的感覺判斷該不該接受虛無假設十分重要。不過，有一項參考指標值可以幫助我們判斷該不該接受假設。一般來說**機率低於5%的話大多會放棄虛無假設，如果超過10%的話，放棄假設的理由就不是那麼充分**。」

用來判斷p值的顯著水準

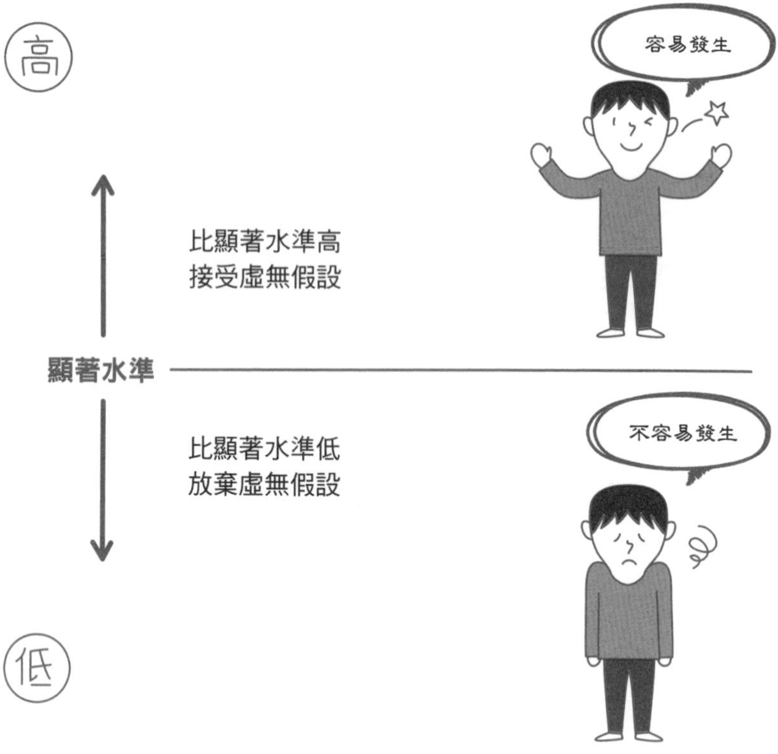

高

容易發生

比顯著水準高
接受虛無假設

顯著水準

比顯著水準低
放棄虛無假設

不容易發生

低

老師告訴慶太：「這種**『採用與否的基準』稱作顯著水準，是用來判斷建立的假設能否視為有意義（顯著）的參考基準**。但顯著水準頂多也只是主觀的數值，計算出的p值要怎麼判斷還是需要經過個人以及團隊來檢討。怎麼樣的程度才可以判斷『不容易發生』，必須謹慎研討。」

一般的顯著水準

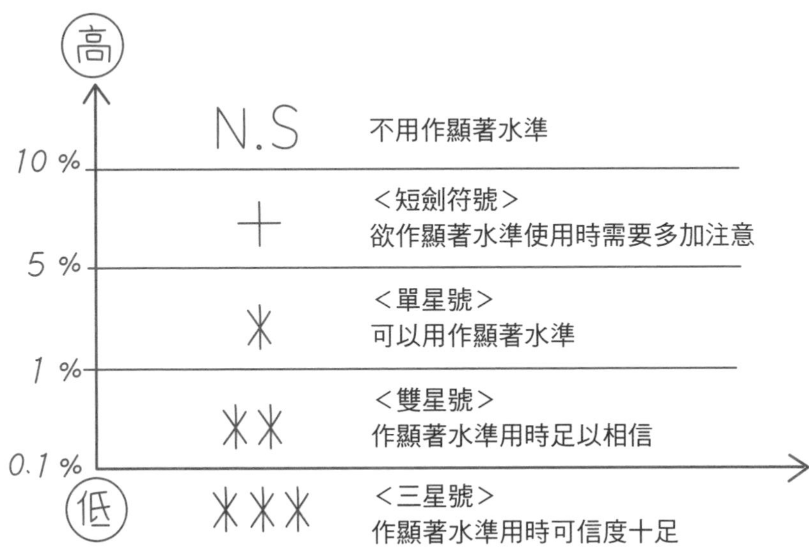

短劍符號和星號的用法也僅是參考範例，在判斷顯著水準上並沒有規定一定要怎麼用。記住這些讓人一看就懂的符號吧。

我想蒐集有效的資料

有時候好不容易蒐集到樣本資料，卻因為蒐集方法有問題導致資料無效。為了避免這種情況發生，我們要來學習蒐集資料時該注意的地方。

慶太明白假設檢定的方法後正感到得意，老師提醒他：「假設檢定時有幾個需要注意的地方，其中一個就是資料的蒐集方法。**如果從母體選到偏頗的樣本（Sample），就無法正確掌握母體的特徵**。不光是不正確，甚至會導致看起來像樣卻錯得離譜的分析，造成不良的結果。」

問卷調查的基本是隨機

如果在烤肉店前面做問卷調查，支持肉類料理A餐的人想必會增多。
為了進行有效的資料分析，好的資料蒐集方法是不可或缺的。

慶太聽了後回答：「原來不光是分析方法，從問卷階段開始就要小心了。」老師繼續說：「**重要的是隨機抽選樣本**。內閣支持率調查就是打電話給隨機抽選出的號碼來進行調查。並非刻意挑選樣本，也就是盡可能排除人為意圖。像這種非刻意挑選樣本的行為，在統計學上稱作**隨機抽樣**。」

隨機抽樣的範例

內閣支持率調查

①用電腦隨機抽選
電話號碼

080-△△△△0000
080-△△△△0001
080-△△△△0002
…

②打給選出來的號碼
詢問調查

平均身高調查

①替學校編號
從中隨機抽選

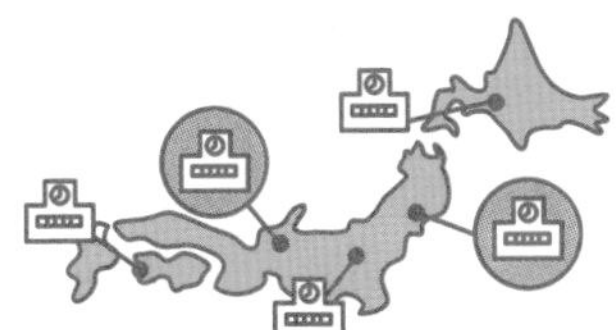

②對抽到的學校學生
進行普查

我不想過度相信統計學

就算說統計學是一項方便的工具，也並非無所不能。
找出根據統計結果能斷言的範圍十分重要。

「其他還有什麼需要注意的地方嗎？」慶太提問，老師回答：「**還有一點很重要，是要確定假設檢定得到的結論能夠判斷多少程度的事情**。」慶太感到洩氣。「好不容易算出數字根據了，很想信心十足表達看法的說……。」老師說：「依正確步驟推導出的正確數字的確有助於判斷，重點在於不要對數字作出錯誤的解釋。」

假設檢定的結果能斷定到什麼程度？

就算放棄「關東和關西在餐點選擇上沒有差別」的假設，也不等於確定B餐在關西地區會受歡迎。

關東和關西存在差別
關西的反應可能沒關東好

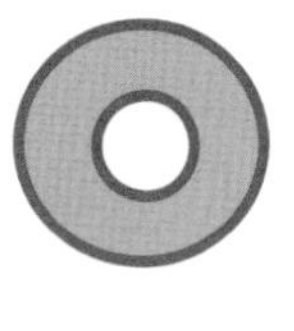

我們頂多能說「關東和關西之間存在差異」。關西地區的問卷調查結果，AB餐票數差異並不大，應該將兩種餐點都進行宣傳的選項納入考量，慎重判斷。

老師繼續說：「比如說，先前提到的『關西和關東對A餐與B餐的喜好有所差別』這項**假設檢定能斷言的事情**，是A餐在關西地區的人氣並沒有關東這麼旺。**『B餐在關西地區是否比較受歡迎』現階段還不知道。明明不明白的事情卻裝作一副已經明白的樣子，是分析失敗的根本原因**。重要的是不要擴大解釋已知範圍之外的事情。」

使用統計方需要特別注重倫理

例：堅持是隨機抽樣，
其實只蒐集對自己有利的資料

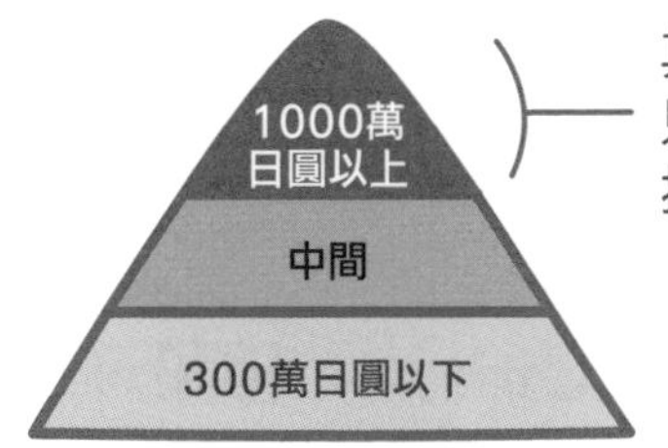

其實
只有從這部分
抽樣

為求安全性而將顯著水準設定較低

例：藥品實用化

例：牛奶生產

設定顯著水準時不光只有個人價值觀，也應考量到伴隨的風險。藥品和食品這些東西如果「碰巧出錯」將會造成嚴重的問題，這種情況就要求謹慎判斷統計資料。

我想將實驗值整理成表格

熟悉假設檢定的步驟後，接下來就要分析自己所蒐集的資料了。
首先要從整理實驗值學起。

慶太對**分析問卷結果**時的假設檢定用法已經熟能生巧。老師建議他：「**因為我們要先進行獨立性檢定，所以先學會怎麼計算兩變數時的p值吧。第一步就從輸入實驗值開始**。製作表格，縱軸設定為關東關西地區別，橫軸設定為投給A餐還是投給B餐，接著將問卷的票數結果輸入對應的儲存格。」

將問卷結果輸入表格

◇	A	B	C	D
1	實驗值	A餐	B餐	總和
2	關東	237	153	
3	關西	253	267	
4	總和			

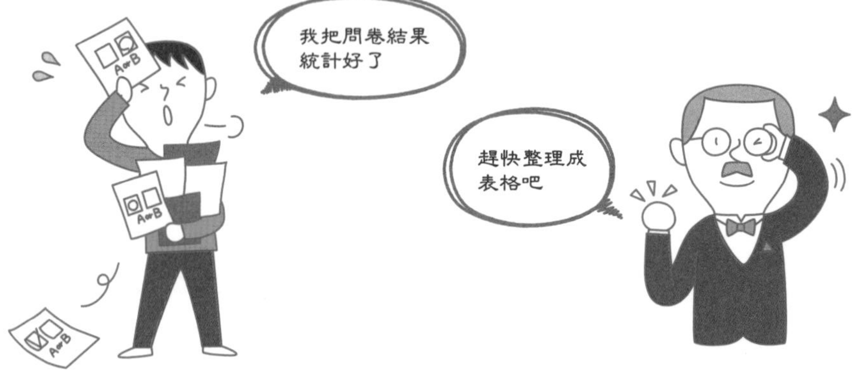

「輸入好了。」慶太說完後老師告訴他：「接下來算出關西、關東各自的票數總和以及A餐B餐各自的票數總和。」慶太邊打邊說：「算總和的話要在儲存格開頭輸入『＝』，再輸入『D2＋D3』這種加法的指令就可以了吧。」老師回答：「沒錯。**這麼一來就算實驗值變動，總和也不必重新輸入一遍**。」

計算總和

①計算橫軸

◇	A	B	C	D
1	實驗值	A餐	B餐	總和
2	關東	237	153	390
3	關西	253	267	=B3+C3
4	總和			

②計算縱軸

◇	A	B	C	D
1	實驗值	A餐	B餐	總和
2	關東	237	153	390
3	關西	253	267	520
4	總和			=D2+D3

我想將理論值整理成表格

把實驗值整理成表格後，輸入假設檢定的重點──理論值。
重要的是先充分理解理論值的意義後再進行設定。

「實驗值輸入完後就換理論值了。」慶太說完後，老師再一次說明順序：「統整理論值的表單也叫做『**期望次數表**』。這次想表達的事情為『關西和關東之間對於AB餐的喜好沒有差別』，所以**將關西和關東的問卷結果加總，假設A餐和B餐的比例（490：420＝7：6）在關東關西都適用，並輸入數值**。」

製作工作單

◇	A	B	C	D
1	實驗值	A餐	B餐	總和
2	關東	237	153	390
3	關西	253	267	520
4	總和	490	420	910
5				
6	實驗值	A餐	B餐	總和
7	關東			390
8	關西			520
9	總和	490	420	910

7 : 6

「換句話說，求A餐的理論值時，要將關東、關西各自的總和乘上A餐的比例『B4/D4』（7/13），是這樣吧？」慶太問。老師回：「沒有錯。B餐的理論值則相對使用B的比例『C4/D4』（6/13）乘上關東、關西各自的總和。這麼一來**理論值就能整理成表格，求p值的準備就緒**。」

輸入理論值

①輸入關東的數值

6	實驗值	A餐	B餐	總和
7	關東	=(7*D7)/13		390
8	關西			520
9	總和	490	420	910

②輸入關西的數值

6	理論值	A餐	B餐	總和
7	關東	210	180	390
8	關西	280	=(6*D8)/13	
9	總和	490	420	910

我想用卡方檢定求得p值來驗證

實驗值和理論值整理成表格後，下一個步驟就要根據理論值建立的假設，來探討實驗值的數值是否可能出現。

「161頁雖然有簡單帶過**卡方檢定**這項函數，原來兩個變數的獨立性檢定上也可以使用呢。」慶太對統計的理解又加深了，而老師聽了後繼續說：「說的沒錯。**就算實驗值和理論值變成2行也可以使用卡方檢定**。首先在Excel中做出一個輸入p值的儲存格，在裡頭輸入卡方檢定的函數『＝CHITEST』。」

代入卡方檢定

◇	A	B	C	D
1	實驗值	A餐	B餐	總和
2	關東	237	153	390
3	關西	253	267	520
4	總和	490	420	910
5				
6	理論值	A餐	B餐	總和
7	關東	210	180	390
8	關西	280	240	520
9	總和	490	420	910
10				
11		=CHITEST(B2:C3,B7:C8)		

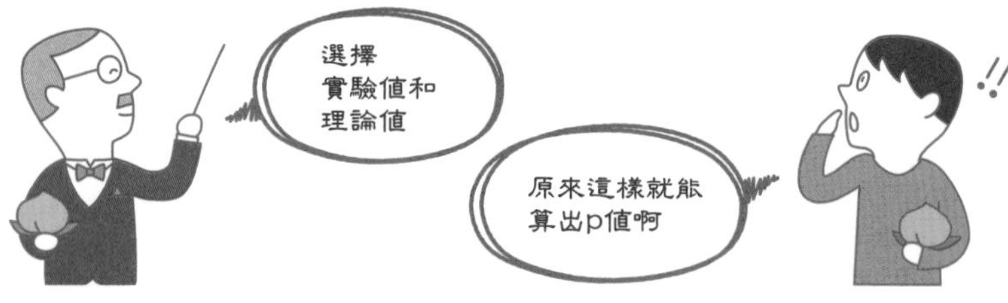

慶太說：「函數後的括號裡輸入（實驗值範圍、理論值範圍），算出p值等於0.0002856。」老師說：「這**比普遍來說作為基準的顯著水準5%還低得多了，所以可以放棄虛無假設**。也就是說我們可以知道，『關東和關西對A餐B餐的喜好沒有差別，只是問卷結果碰巧不一樣』這項敘述並不正確。」

檢討p值

7	關東	210	180
8	關西	280	240
9	總和	490	420
10			
11	p值	0.0002856	
12			

後記

將統計學應用於生活中吧！

本書以初學者第一本入門書的角度，逐步解釋了平均數和各種圖表的使用方法等基礎中的基礎，另外也介紹了一些變異係數和假設檢定等較高級的內容，這也是我們希望各位不要讀完這本書就停止學習統計學的心意。

數學可以粗略分為純數學和應用數學。純數學是重視嚴密且抽象理論中數學本身的合理性與美等元素的領域。另一方面，應用數學則是將數學上的知識以及方法應用於其他領域，特別是以實際應用於生活為目標。其中說統計學是和我們的生活最密不可分的應用數學也不為過，所以學會如何使用統計學可說十分重要。但另一方面我也希望大家不要忘記數學特有的合理性與美感。

好好享受過本書介紹的「統計學道具」後，請大家務必嘗試去理解背後的數學理論。我非常能體會各位「哎呀～說是這麼說啦……」的這種猶豫心態，但還請放一百二十個心。

讀完本書後，就算翻開以大學生為對象編寫的正式教科書，也會發現許多術語已經在本書熟悉了，比起完全從零開始會輕鬆很多。此外，有過用Excel計算統計量的經驗，也會刺激到想搞清楚其運作機制的好奇心，加快各位讀者的學習速度。

讀完本書的讀者，我推薦以下2部著作。

- 『はじめての統計学』著 鳥居泰彥（日本経済新聞出版）
- 『統計学』著 刈屋武昭・勝浦正樹（東洋経済新報社）

上面這兩本書都是以文科大學生為對象，十分深入簡出、口碑盛讚的名書。書中充滿豐富的經濟相關實例，我認為對商務人士來說也非常容易學習。

此外，對國高中數學感到害怕的讀者，且讓我野人獻曝，推薦拙作《為統計學設計的數學教室》（DIAMOND社）。這本書是從國中數學的程度來解釋理解統計所需的數學概念。

統計學的必要性和影響力日漸增高，甚至足以大大改變一個國家的數學教育。而對各位讀者來說這才剛起步，如果本書能帶給讀者向前跨出一步的勇氣，實屬榮幸。

永野裕之

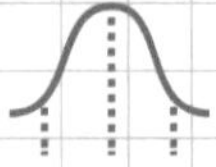

計算比例用的分配表

標準常態分配表

假設全體為1時，表示該點與基準點之間構成的面積。左排標記的是標準分數的小數點第一位，上排則為小數點第二位。

	0	0.01	0.02	0.03	0.04	0.05	0.06	0.07	0.08	0.09
	0.000	0.004	0.008	0.012	0.016	0.020	0.024	0.028	0.032	0.036
0.	0.040	0.044	0.048	0.052	0.056	0.060	0.064	0.068	0.071	0.075
0.2	0.079	0.083	0.087	0.091	0.095	0.099	0.103	0.106	0.110	0.114
0.3	0.118	0.122	0.126	0.129	0.133	0.137	0.141	0.144	0.148	0.152
0.4	0.155	0.159	0.163	0.166	0.170	0.174	0.177	0.181	0.184	0.188
0.5	0.192	0.195	0.199	0.202	0.205	0.209	0.212	0.216	0.219	0.222
0.6	0.226	0.229	0.232	0.236	0.239	0.242	0.245	0.249	0.252	0.255
0.7	0.258	0.261	0.264	0.267	0.270	0.273	0.276	0.279	0.282	0.285
0.8	0.288	0.291	0.294	0.297	0.300	0.302	0.305	0.308	0.311	0.313
0.9	0.316	0.319	0.321	0.324	0.326	0.329	0.332	0.334	0.337	0.339
	0.341	0.344	0.346	0.349	0.351	0.353	0.355	0.358	0.360	0.362
.	0.364	0.367	0.369	0.371	0.373	0.375	0.377	0.379	0.381	0.383
.2	0.385	0.387	0.389	0.391	0.393	0.394	0.396	0.398	0.400	0.402
.3	0.403	0.405	0.407	0.408	0.410	0.412	0.413	0.415	0.416	0.418
.4	0.419	0.421	0.422	0.424	0.425	0.427	0.428	0.429	0.431	0.432
.5	0.433	0.435	0.436	0.437	0.438	0.439	0.441	0.442	0.443	0.444
.6	0.445	0.446	0.447	0.448	0.450	0.451	0.452	0.453	0.454	0.455
.	0.455	0.456	0.457	0.458	0.459	0.460	0.461	0.462	0.463	0.463
.8	0.464	0.465	0.466	0.466	0.467	0.468	0.469	0.469	0.470	0.471
.9	0.471	0.472	0.473	0.473	0.474	0.474	0.475	0.476	0.476	0.477
	0.477	0.478	0.478	0.479	0.479	0.480	0.480	0.481	0.481	0.482
.	0.482	0.483	0.483	0.483	0.484	0.484	0.485	0.485	0.485	0.486
.2	0.486	0.486	0.487	0.487	0.488	0.488	0.488	0.488	0.489	0.489
.3	0.489	0.490	0.490	0.490	0.490	0.491	0.491	0.491	0.491	0.492
.4	0.492	0.492	0.492	0.493	0.493	0.493	0.493	0.493	0.493	0.494
.5	0.494	0.494	0.494	0.494	0.495	0.495	0.495	0.495	0.495	0.495
.6	0.495	0.496	0.496	0.496	0.496	0.496	0.496	0.496	0.496	0.496
.	0.497	0.497	0.497	0.497	0.497	0.497	0.497	0.497	0.497	0.497
.8	0.497	0.498	0.498	0.498	0.498	0.498	0.498	0.498	0.498	0.498
.9	0.498	0.498	0.498	0.498	0.498	0.498	0.499	0.499	0.499	0.499
	0.499	0.499	0.499	0.499	0.499	0.499	0.499	0.499	0.499	0.499
.	0.499	0.499	0.499	0.499	0.499	0.499	0.499	0.499	0.499	0.499
.	0.499	0.499	0.499	0.499	0.499	0.499	0.499	0.500	0.500	0.500
.3	0.500	0.500	0.500	0.500	0.500	0.500	0.500	0.500	0.500	0.500
.4	0.500	0.500	0.500	0.500	0.500	0.500	0.500	0.500	0.500	0.500

※上表內的數字為小數點第4位四捨五入後的結果。Z越大變化幅度越小、所佔比例越大。

標準常態分配表（右尾機率）

右尾機率表示的是該點到上限值（右方）占了多少面積。和標準常態分配一樣假設全體為1，對照左排和上排查找數值。

	0	0.01	0.02	0.03	0.04	0.05	0.06	0.07	0.08	0.09
	0.500	0.496	0.492	0.488	0.484	0.480	0.476	0.472	0.468	0.464
0.	0.460	0.456	0.452	0.448	0.444	0.440	0.436	0.433	0.429	0.425
0.2	0.421	0.417	0.413	0.409	0.405	0.401	0.397	0.394	0.390	0.386
0.3	0.382	0.378	0.374	0.371	0.367	0.363	0.359	0.356	0.352	0.348
0.4	0.345	0.341	0.337	0.334	0.330	0.326	0.323	0.319	0.316	0.312
0.5	0.309	0.305	0.302	0.298	0.295	0.291	0.288	0.284	0.281	0.278
0.6	0.274	0.271	0.268	0.264	0.261	0.258	0.255	0.251	0.248	0.245
0.	0.242	0.239	0.236	0.233	0.230	0.227	0.224	0.221	0.218	0.215
0.8	0.212	0.209	0.206	0.203	0.200	0.198	0.195	0.192	0.189	0.187
0.9	0.184	0.181	0.179	0.176	0.174	0.171	0.169	0.166	0.164	0.161
	0.159	0.156	0.154	0.152	0.149	0.147	0.145	0.142	0.140	0.138
.	0.136	0.134	0.131	0.129	0.127	0.125	0.123	0.121	0.119	0.117
.2	0.115	0.113	0.111	0.109	0.107	0.106	0.104	0.102	0.100	0.099
.3	0.097	0.095	0.093	0.092	0.090	0.089	0.087	0.085	0.084	0.082
.4	0.081	0.079	0.078	0.076	0.075	0.074	0.072	0.071	0.069	0.068
.5	0.067	0.066	0.064	0.063	0.062	0.061	0.059	0.058	0.057	0.056
.6	0.055	0.054	0.053	0.052	0.051	0.049	0.048	0.047	0.046	0.046
.	0.045	0.044	0.043	0.042	0.041	0.040	0.039	0.038	0.038	0.037
.8	0.036	0.035	0.034	0.034	0.033	0.032	0.031	0.031	0.030	0.029
.9	0.029	0.028	0.027	0.027	0.026	0.026	0.025	0.024	0.024	0.023
	0.023	0.022	0.022	0.021	0.021	0.020	0.020	0.019	0.019	0.018
.	0.018	0.017	0.017	0.017	0.016	0.016	0.015	0.015	0.015	0.014
.2	0.014	0.014	0.013	0.013	0.013	0.012	0.012	0.012	0.011	0.011
.3	0.011	0.010	0.010	0.010	0.010	0.009	0.009	0.009	0.009	0.008
.4	0.008	0.008	0.008	0.008	0.007	0.007	0.007	0.007	0.007	0.006
.5	0.006	0.006	0.006	0.006	0.006	0.005	0.005	0.005	0.005	0.005
.6	0.005	0.005	0.004	0.004	0.004	0.004	0.004	0.004	0.004	0.004
.	0.003	0.003	0.003	0.003	0.003	0.003	0.003	0.003	0.003	0.003
.8	0.003	0.002	0.002	0.002	0.002	0.002	0.002	0.002	0.002	0.002
.9	0.002	0.002	0.002	0.002	0.002	0.002	0.002	0.001	0.001	0.001
	0.001	0.001	0.001	0.001	0.001	0.001	0.001	0.001	0.001	0.001
.	0.001	0.001	0.001	0.001	0.001	0.001	0.001	0.001	0.001	0.001
.2	0.001	0.001	0.001	0.001	0.001	0.001	0.001	0.001	0.001	0.001
.	0.000	0.000	0.000	0.000	0.000	0.000	0.000	0.000	0.000	0.000
.4	0.000	0.000	0.000	0.000	0.000	0.000	0.000	0.000	0.000	0.000
.5	0.000	0.000	0.000	0.000	0.000	0.000	0.000	0.000	0.000	0.000
.6	0.000	0.000	0.000	0.000	0.000	0.000	0.000	0.000	0.000	0.000
.	0.000	0.000	0.000	0.000	0.000	0.000	0.000	0.000	0.000	0.000

一眼看懂定義的術語集

$$「平均數」= \frac{資料數值總和}{資料筆數}$$

「中位數」＝ 資料從大到小（或從小到大）排序時，位於正中間位置的數值

「眾數」＝ 資料中出現最多次的數值，或組的中點

$$「變異數」= \frac{（各數值-平均數）^2 的和}{資料筆數}$$

$$「標準差」= \sqrt{變異數}$$

$$「標準分數」=\frac{數值-平均數}{標準差}$$

$$「百分等級」=50+標準分數\times 10$$

$$「變異係數」=\frac{標準差}{平均數}$$

$$「共變異數」=\frac{離均差交乘積和}{資料筆數}$$

「相關係數」

$$=\frac{X與Y的共變異數}{(X的標準差)\times(Y的標準差)}$$

「淨相關係數」

$$= \frac{\text{X與Y的相關係數} - (\text{X與Z的相關係數}) \times (\text{Y與Z的相關係數})}{\sqrt{1 - (\text{X與Z的相關係數})^2} \times \sqrt{1 - (\text{Y與Z的相關係數})^2}}$$

「假設檢定」 ＝ 從樣本來分析對母體的假設是否可能發生的驗證方法。

「虛無假設」 ＝ 假設檢定時建立的兩種假設之一，可以計算機率的假設。

「對立假設」 ＝ 虛無假設不會發生的情況下推論出的高可信度假設。

参考文献

『統計学が最強の学問である』（ダイヤモンド社） 著：西内 啓

『大学4年間の統計学が10時間でざっと学べる』（KADOKAWA） 著：倉田 博史

『統計学の図鑑』（技術評論社） 著：涌井良幸・涌井貞美

『統計学図鑑』（オーム社） 著：栗原伸一・丸山敦史

『レッツ！データサイエンス 親子で学ぶ！統計学はじめて図鑑』
（日本図書センター） 著：渡辺美智子

『マンガでわかる統計学』（SB クリエイティブ） 著：大上 文彦

『文系でも仕事に使える統計学はじめの一歩』（かんき出版） 著：本丸 諒

『マンガでわかるやさしい統計学』（池田書店） 監修：小林克彦

『統計学のための数学教室』（ダイヤモンド社） 監修：永野裕之

PROFILE

永野裕之

永野數學塾 塾長
1974年生於東京，畢業於東京大學理學部地球行星物理學系、東京大學宇宙科學研究所（現JAXA）肄業。高中時曾參加數學奧林匹克競賽。
現任個別指導補習班「永野數學塾（大人的數學塾）」塾長。參與NHK教育頻道節目「考試的花道 」。在朝日國高中生報上連載專欄「越來越瞭的數樂塾 」。
主要著作有《專為大人設計的數學學習法 》（DAIMOND社）、《再一次高中數學 》（SUBARU舍）等。近期作品有《數學圖鑑 》（Ohmsha）、《東大→JAXA→人氣數學塾塾長親授 讀了數學就變強的書 改變人生的課程 》（PHP研究所）等。

TITLE

睡不著時可以看的統計學

STAFF

出版	瑞昇文化事業股份有限公司
監修	永野裕之
譯者	沈俊傑
總編輯	郭湘齡
文字編輯	徐承義　蕭妤秦　張聿雯
美術編輯	謝彥如　許菩真
排版	二次方數位設計　翁慧玲
製版	印研科技有限公司
印刷	桂林彩色印刷股份有限公司 紘億彩色印刷有限公司
法律顧問	立勤國際法律事務所　黃沛聲律師
戶名	瑞昇文化事業股份有限公司
劃撥帳號	19598343
地址	新北市中和區景平路464巷2弄1-4號
電話	(02)2945-3191
傳真	(02)2945-3190
網址	www.rising-books.com.tw
Mail	deepblue@rising-books.com.tw
初版日期	2020年7月
定價	380元

ORIGINAL JAPANESE EDITION STAFF

編集	木村伸二　内山祐貴（株式会社G.B.）
執筆協力	高山由香　村沢 譲
本文イラスト	浜畠かのう（1~5章） フクイサチヨ（6~7章）
カバーイラスト	別府 拓（G.B. Design House）
カバー・本文デザイン	別府 拓（G.B. Design House）
DTP	くぬぎ太郎　野口曉絵（TARO WORKS）

國家圖書館出版品預行編目資料

睡不著時可以看的統計學 / 永野裕之監修；沈俊傑譯. -- 初版. -- 新北市：瑞昇文化, 2020.07
192面；14.8 x 21公分
譯自：ゼロからはじめる！統計学見るだけノート
ISBN 978-986-401-424-8(平裝)
1.統計學
510　　109007379

ゼロからはじめる! 統計学見るだけノート
(ZERO KARA HAJIMERU! TOKEIGAKU MIRUDAKE NOTE)
by 永野 裕之